JN302806

会社の経営安定 個人資産を防衛

オーナー社長のための 収益物件活用術

［改訂版］

大谷義武 著

幻冬舎 MC

改訂版

会社の経営安定　個人資産を防衛

オーナー社長のための収益物件活用術

はじめに

平成25年の企業倒産件数は22年ぶりに1万1000件を下回り、前年より減少、アベノミクス以降、景気は回復傾向を示しています。しかし中小企業の約7割が赤字であることが示すように、利益をあげ続けるのは簡単ではありません。今は好調でも、いつ会社の業績が悪化し、社員や自分の収入が減少してしまうかわからない……そんな不安を募らせている中小企業のオーナー社長も多いのではないでしょうか。

加えてオーナー社長を悩ませるのが、税金の問題です。厳しい環境のなかでどうにか利益を出した企業には、法人税が課せられます。また、これからは資産家への課税強化の時代です。平成27年1月には所得税・相続税の最高税率が引き上げられ、相続税については基礎控除額も減額しました。大きなリスクを取って会社を経営しているオーナー社長にとって、せっかく築いた資産が「召し上げられてしまう」ことは、非常に頭の痛い問題です。

事業の将来に不安があるだけでなく、苦労して会社の利益を出し、個人の資産を積み上げても高額な課税がなされる。こうした状況にあって、どのように会社の経営と自身の収入を安定させ、資産を守り続けていけばいいのかと日々模索しているオーナー社長も少なくないはずです。

そんなオーナー社長を助ける心強いツールになるのが、収益物件です。私は自身で経営する会社を通じて、これまで数多くの収益物件の売買・仲介・賃貸管理を手掛けてきました。また私自身が一中小企業のオーナー社長であり、この15年間実際に15億円以上を投資して収益物件を活用してきました。それらの経験からオーナー社長こそ特に収益物件を活用すべきであると確信しています。

収益物件とは、自宅や事務所として利用する不動産ではなく、人に貸して賃料を得るための不動産です。この収益物件によって会社を守り、個人資産を守ることができるのです。収益物件活用のメリットは、大雑把にいえば副収入と節税効果（タックスマネジメント）にあります。まず家賃収入を得ることで、本業のスペアタイヤのような副収入が見込めます。物件にもよりますが、例えば1億円の中古木造アパートで年間賃料収入を１００0万円程度得られれば、本業が万が一、不振に陥って収入が減少しても補うことが可能です。それだけなら資産を預金や株で持っておき、その金利や配当金を副業と思えば同じだろう、という人もいるかもしれませんが、自らの努力で利益をコントロールできるという点が決定的に違うのです。本書で紹介する「損益判定グラフ」をもとに考えれば、より確実に利益を確保することができます。

さらに、収益物件には他の金融商品にはない絶大な節税効果があります。

収益物件の種類（中古か新築か、木造かＲＣ造か、など）や購入契約時の注意点（土地と建物の割合など）、売却のタイミングなどを工夫することで、収益物件は会社や個人の資産を守る節税装置となり得ます。

他にも節税ツールはいくつかありますが、収益物件ほどオーナー社長に適したものはありません。個人で取得すれば所得税を圧縮できるだけでなく、物件によっては現金と比較して4～5割も相続税を減らすことができます。また法人で取得すれば、法人税の節税で現金を手元に残し、経営資金に回せます。そして節税装置として所有しておきながら、イザというときには売却して現金化できる益出しの自由度も、経営者にとっては魅力です。

収益物件は、本業の業績悪化、そして増税というリスクに備える〝転ばぬ先の杖〟なのです。リスクを一身に背負い、会社、社員、家族を守るオーナー社長の皆さんにとって、他にはない大きなメリットをもたらします。

本書では収益物件活用の考え方、物件の見極め方、資金調達、管理運営、出口戦略まで、具体的な例を交えて紹介しました。収益物件を活用した「アパート事業」の基本的な考え方は、拙著『年収1000万円から始める「アパート事業」による資産形成入門』『「利益最大化」を実現するアパート経営の方程式』でも詳しく解説していますが、本書はより

「オーナー社長向け」の収益物件の活用にスポットを当てて少し高度な活用術としています。本書で考え方や理論を知っていただき、前著2冊を合わせてお読みいただければ、より立体的に、深く収益物件の活用術を身に付けていただけるのではないかと思います。一人でも多くのオーナー社長の方々が収益物件を活用し、将来にわたる経済的安定を手に入れることができれば、これに勝る喜びはありません。

大谷義武

令和元年12月

第2章 毎月の賃料で収入が安定。万が一の経営危機も乗り切れる

第3章 収益物件活用で得られる絶大な節税効果

第4章 優良な収益物件を取得する方法

第5章　低金利・長期ローンを実現する資金調達術

第6章　管理会社を活用して収益物件の利益を最大化する

第7章　事業の保険か、短期投資回収か——目的に合わせた出口戦略

序章

なぜ今オーナー社長が収益物件を活用すべきか

会社と資産を守るには本業だけでは不安定

バブル経済が崩壊して20年以上、日本経済は低迷を続けています。

もちろんこの20年の間にも小泉政権時代の「いざなみ景気」、そして現在の「アベノミクス」においては、株価、不動産価格などの資産価格の上昇により一時的に景気回復といわれた（いわれている）時期はあります。しかし、国民所得の本格的な上昇にはつながっておらず、実体経済としては、一貫してデフレの状態が続いていることは事実です。

そして、平成20年にリーマンショックが発生したことは記憶に新しいところでしょう。金融環境がグローバル化し、海外の状況が国内経済に大きな影響を及ぼしました。その結果、多くの企業が倒産し、国内経済はどん底に落ち込みました。

現在は、何が起こるかわからない、そして少しのきっかけで会社が倒産してしまうこともあり得る先の見通せない時代になっているのです。

これは中小企業だけではありません。大企業ですらその対象になっているというのが現在の時代なのです。

さらには、マスコミが喧伝する借金1100兆円ともいわれる財政赤字、あるいは少子高齢化による人口減少といった日本の社会構造問題が不安を増長しています。年金がきちんともらえて、老後は安心して暮らせると考えられる日本人が少なくなっているのです。

そんな現在においては、自分の身は自分で守る以外にありません。特に会社経営者や開業医、自営業者の方などは自分でビジネスを展開し、すべての責任を取らなければならない立場にありますから、一般的なサラリーマンよりも自らリスクマネジメントする必要性が高いのです。

本書ではそのような方々を「オーナー社長」と定義しています。そしてオーナー社長自身だけではなく家族、そして経営する会社を守るための手段として、「収益物件の活用」を説いています。オーナー社長自らの利益のためだけではありません。**経営する会社を守るということは、そこで働く社員さらにはその家族を守るということ**でもあります。

オーナー社長は非常に大きな責任を背負っています。その責任を果たすため、この不安定な時代にリスクを取ってビジネスを展開していくオーナー社長こそ、収益物件などを活用して十分に備えておくべきです。

オーナー社長を待ち受ける増税という関門

こうした厳しい環境においては、オーナー社長が経営を続けていくだけでも大変なことなのですが、そのなかで利益を安定的に出し続けていくことはさらに困難です。

現在、法人税を支払っている企業は全体の3割を切っています。つまり、世の中の企業の7割以上は利益が出ていないということです。そのなかで頑張って利益を出している経営者を、今度は税金の問題が悩ませます。しかも、我が国においては今後は増税の方針が打ち出されているのです。法人税は減税の傾向にあるとはいえ、会社と個人の利益・資産を一体として考えなければならないオーナー社長にとって、これからの増税は全体として見れば大きな負担増になるでしょう。

まず、平成27年1月より相続税が上がりました。これは、せっかく人生のすべてを注ぎ込んで会社を経営し築き上げた資産を、言葉は悪いですが「召し上げられる」ということです。オーナー社長にとっては、非常に切実な問題です。

具体的には、相続税の基礎控除が「5000万円＋1000万円×法定相続人の数」から「3000万円＋600万円×法定相続人の数」へと縮小になります。そして、2億円超・3億円以下の相続財産に対する税率が40％から45％に、6億円超の相続財産に対しては50％から55％に引き上げられます。

次に、同じく平成27年1月より所得税が上がりました。現在の最高税率は、所得税40％に住民税が10％加わり、個人の場合は合計50％です。それが、所得税が45％に増税され、合計55％の税率となります。年収1500万円以上の給与所得者に関しては、平成25年から給与所得控除が減額されていますので、実質的な増税はすでに開始されています。

この最高税率が適用されるのは、課税所得で4000万円以上の人です。私の会社の顧客層で見ても、オーナー社長の方々には、最高税率が適用されている方が多くいらっしゃいます。その方々にはこの増税は大きな痛手となることになります。

このように**オーナー社長には、経営環境の不透明化に加えて増税という関門が待ち受けているのです。**

大きなリスクを取ってビジネスを展開しているオーナー社長にとっては、本当に厳しい時代になっているといわざるを得ません。なかには、税負担の大きい日本を見限り、海外へ移住したなどという話も出てきているようです。

難局を乗り切るには収益物件の活用が欠かせない

将来不透明な経営環境、高まる日本の社会構造問題への不安、そして増税というオーナー社長にとって厳しい時代に、会社を守り、家族を守り、さらには社員を守るために有効な手段が収益物件の活用です。

具体的には大きく4つの活用方法があり、単独あるいは併用して取り入れることになります。第2章以降で詳述していきますので、ここではまず、それぞれの概略をつかんでいただければと思います。

①副収入として

オーナー社長にとって、自分の会社の経営は大きなリスクを取って行っているものであり、成功が永久に保証されているものではありません。

いつ業績が悪化し、収入が途絶えるかわからないのはここまで述べてきたとおりです。

そんなイザというときのために、収益物件から毎月賃料収入を得られるようにしておく、という副収入源＝スペアタイヤとして収益物件は活用できます。

収益物件の副収入が本業収入のスペアタイヤ

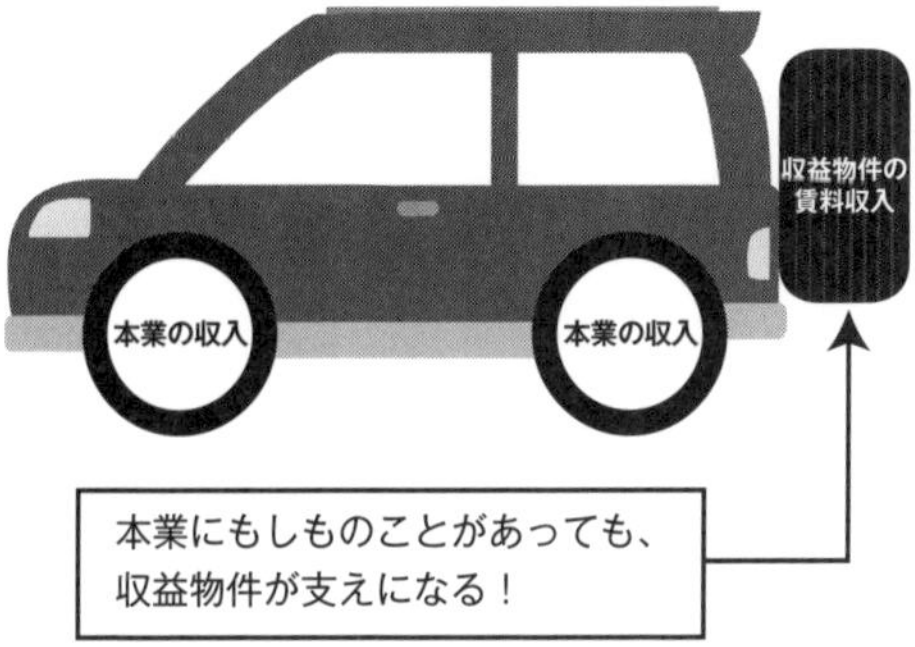

具体的には賃料収入から固定資産税などの経費および金融機関への返済をした後に、手元に現金が残る仕組みです。

万が一のときに備えて、**収益物件からの賃料収入で最低限の生活が維持できるだけの副収入をつくっておけば、不安は大きく減るはずです。**

②貯蓄として

これもイザというときの備えです。

毎月の賃料収入ではなく、収益物件を売却することでいつでも現金を手に入れられる状態がつくれれば、安心できるのではないでしょうか。毎月の賃料収入から元利金の返済を行っていくことで、元金部分が貯蓄としての性格を持ちます。

物件を売却すれば、この元金部分を換金できるという仕組みです。

③生命保険として

収益物件を取得した際には、団体信用生命保険という保険を掛けることが可能です。金額は一般的には1億円が上限ですが、金融機関によっては3億円まで掛けることが可能となります。自分にもしものことがあってもローンが残らず、家族には収益物件を遺すことになります。

④節税ツール（タックスマネジメントのツール）として

先述したように、我が国は富裕層に対して増税の方向に舵を切っています。オーナー社長としては、この厳しい環境を生き残っていくために、税金をなるべく低く抑えたり、先送りするなどしてコントロールすることが欠かせません。

収益物件は、**自在に税金をコントロールできる非常に有効な「ツール」となります。**

具体的には〝フローの税金〟である所得税・法人税と、〝ストックの税金〟である相続税の2つに対して有効に働きます。

以上、大きく4つの活用方法を単独で、もしくは複合して取り入れることで、収益物件はオーナー社長にとって非常に有益な将来への備えとなることは間違いありません。

【収益物件活用のPOINT】

副収入として
貯蓄として
生命保険として
節税ツールとして

オーナー社長が収益物件活用に向いているワケ

収益物件を活用することは手段であって、決して目的ではありません。このツールとしての収益物件は、オーナー社長であれば特に効果的に活用できるものなのです。

収益物件の活用には、投資と経営という2つの側面があります。いわば「事業」としての性格を持っているということです。投資先としては収益物件の他にも、株や投資信託、金といった金融商品があります。また収入を増やすために、本業以外に、例えば飲食店等の経営を手がける選択肢もあると思います。なぜ収益物件が特におすすめなのか、これらと比較して考えれば明確に見えてきます。どちらが良い悪いという話ではなく、あくまでもオーナー社長にとっての長所・短所を理解して、目的に応じて使い分けることが肝心です。

では、収益物件はなぜオーナー社長にとって最適なツールなのでしょうか。オーナー社長であるからこそできる資産運用手法でもあるので、そのポイントを整理してみます。

・借り入れができる

収益物件はあくまでも不動産です。不動産の良いところは、資金の取得を金融機関からの借り入れで行うことができるという点です。

株や投資信託を購入する資金は、原則として借り入れできません。

つまり、**キャッシュアウトの必要がなく、自己資金がなく（少なく）ても取得できる点**

が、他の金融商品との大きな違いとなります。特に日ごろから金融機関との取引関係があり、借り入れがしやすいオーナー社長にとっては、この点が非常に有利に働きます。

・自分の力でコントロールできる

収益物件はその成果をある程度自分の能力でコントロールできます。

例えば株価や配当金を自らコントロールすることは、不可能でしょう。

しかし収益物件は、物件の見極めや管理方法など、自分および管理業務などを任せる管理会社の能力によって、ほぼコントロールできるという特徴があります。

オーナー社長は、自分でコントロールできないことに投資する（懸ける）ことはできませんが、収益物件であればある程度の勝算を持って投資できるのです。

・他人に任せることができる

収益物件の活用には経営の側面もありますが、他の事業と違って他人（専門家）に任せることができ、必ずしも自分で何かをしなければならないということはありません。極端にいえば自ら「労働」する必要がないのです。本業で忙しいオーナー社長の貴重な時間を費やす必要がないということは、事業としては非常にメリットが大きいのではないでしょうか。

しかも、人を直接雇う必要もありません。管理会社等、外部への発注で十分です。

他人に仕事を任せるのは、オーナー社長の得意な分野です。なぜなら、日ごろの事業から人を使い、仕事を進める立場にいるからです。不動産の細かいところはわからなくても、誰に何を任せればいいのか、その任せるパートナーとどのような人間関係を築けばいいのかという点は、まさにオーナー社長にとって「本業と変わりない仕事」です。

コラム 1

オーナー社長による少人数私募債の廃止

富裕層に対する増税の一環として、少人数私募債の廃止が決定されました。

少人数私募債とは、1億円未満の社債を企業が発行し、引き受け手を募るというものですが、オーナー社長が自分で引き受けているケースが多くありました。オーナー社長のメリットとしては、この少人数私募債による利子を分離課税で受け取れることにあります。

役員報酬が高額の方は税率も高くなるのですが、少人数私募債の利子は分離課税のため役員報酬など他の所得に加算されず、一律20％の税金で済むのです。

例えば、９０００万円の私募債を自分が経営している会社から引き受けて金利５％で設定すれば、年間４５０万円の利子所得が得られます。これにかかる税金は20％ですので90万円となり、手取り収入が３６０万円となります。役員報酬に上乗せして受け取る場合と比べて、「節税」できていることがおわかりいただけるでしょう。

というのも、もし会社から自身への役員報酬に４５０万円を単純に上乗せした場合、現在の最高税率が適用される方であれば、４５０万円にかかる税率は50％となり、手取りは225万円にしかならないからです。

しかし、この少人数私募債も税制改正によって認められなくなりました。

平成28年1月1日以降に受け取る利息については、同族オーナーが同族会社の少人数私募債を引き受けている場合は、この利子所得が分離課税ではなく総合課税（つまり本業の役員報酬などと損益を通算して課税する）になる、というルールに変更されてしまったのです。

オーナー社長にとっての有効な節税手法が、またひとつ、つぶされてしまったといえます。

オーナー社長からしてみれば、どんどん厳しい税制になっているのが我が国の実情ではないでしょうか。

第1章

収益物件の利益最大化で副収入を得ながら節税も実現する

対象は一棟もの中古賃貸アパート・マンション

ここからは収益物件の具体的な活用方法について解説していきますが、まずは本書でいう収益物件とはどんなものかという話題から始めましょう。

不動産には実需物件（実需不動産）と収益物件があります。実需物件とは、自宅であったり、別荘であったり、自社ビルであったり、自分で使用する物件（不動産）のことです。これに対して、自分で使うのではなく、その物件を所有することで、その物件から上がってくる賃料収入を得られる物件を収益物件といいます。

具体的なものとしては、賃貸アパート・マンションであったり、事務所ビルであったり、店舗などが挙げられます。その他、数は少ないですが、病院やホテル、工場、倉庫、また戸建住宅を貸したりしても収益物件となります。

本書では収益物件の活用を説いていますが、主に一棟もの中古賃貸アパート・マンションを対象として話を進めていきます。一棟ものとは、１棟丸ごとの所有権を持つ土地付き建物です。

物件の種類と特徴

	価格帯	メリット	デメリット
一棟ものアパート・マンション	1000万～5億円	・入居が安定している ・価格が手ごろ ・エリアによっては高利回りが望める	・テナントビル、区分所有に比べ手間がかかる
テナントビル（事務所・店舗）	都心部：5億円～ 地方・郊外：1000万円～	・都心部（好立地）のテナントビルは入居率高い	・都心部テナントビルは高額 ・地方・郊外のテナントは賃料ゼロでも入らないという高い空室リスク
区分所有マンション	数百万～2000万円	・手軽に取り組める	・金額が小さい ・自分でコントロールできない部分がある ・都心部にしかないため利回りが低い

理由はいくつかあります。まず収益物件のなかでも賃貸アパート・マンションは数が圧倒的に多く、他のものは数が少ないことが挙げられます。

次に、本書では中小企業や開業医などのオーナー社長を対象にしていますので、適正な投資対象価格は1棟あたり数千万～5億円程度となります。都心部のオフィスビルや店舗ビル（いわゆるテナントビル）はこの価格帯に収まらなくなってしまうケースが多いでしょう。地方都市や郊外のテナントビルは、価格的には問題なくても空室のリスクが高すぎます。現在のような経済状況下においては、賃料の問題ではなく入居者が入らないケースは多々ありますので適正な投資対象とはなりません。

その点、**アパート・マンションは賃料設定を適正にすれば、よほどの事情がない限り入居者は確保できるためリスクを限定できる**というメリットがあります。新築ではなくなぜ中古なのかという点については56ページで詳しく解説します。

一棟ものではなく区分所有のワンルームへの投資も最近は流行しています。しかし、こちらは1戸あたりの金額が数百万～2000万円程度とロットが小さいこと、都心部にしかないため利回りが極端に低いこと、自分の所有する部屋以外の大規模修繕工事や共用部の清掃等は自分でコントロールできない（管理組合に依存することになる）ことなどにより本書の対象からは外しています。オーナー社長よりも一般のサラリーマンに適した投資対象といえるでしょう。

収益物件の活用は、取得・管理運営・売却の一連の活動

収益物件の活用は利益を得ることが前提になりますので、より具体的にいえば、物件を

収益物件の活用は、取得・管理運営・売却の一連の活動

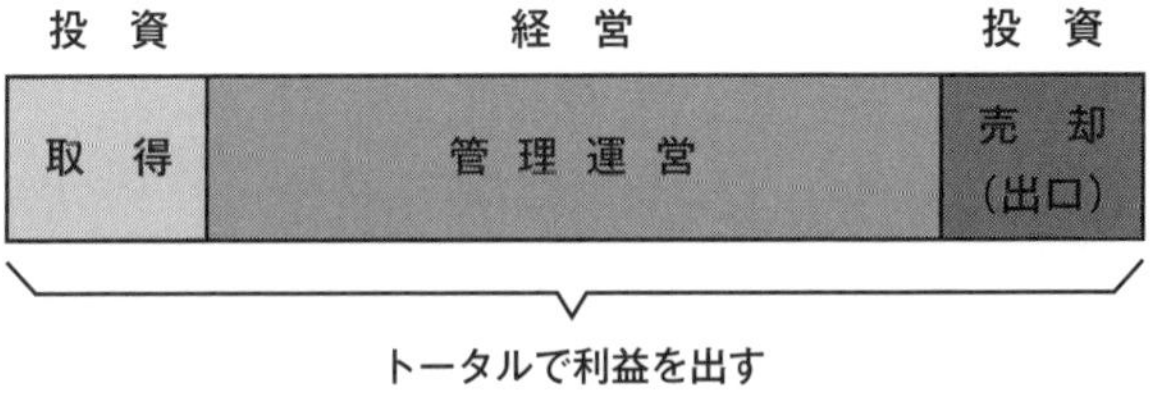

収益物件の活用とは、（中古）収益物件を取得し、一定期間管理運営したのち、売却を行うまでの一連の活動のこと。「投資＋経営」の考え方で、トータルの利益最大化を目指す。

取得し、管理運営を行い、売却するまでの一連の活動になります。

決して物件を買って終わりではありません。物件の取得と売却は投資としての側面、保有期間中の管理運営は経営的側面、この2面性を有する「事業」と考えられます。投資して、管理運営という経営を行い、きちんと売却（出口戦略ともいいますが）するまでを考えることが極めて重要です。

なぜなら、**収益物件の活用で利益が出るか、出ないかという結果は、売却までして初めてわかる**からです。

これは株の運用とも似たところがあります。保有期間中の配当が多くても、元金が下がってしまって売ってみたらトータルでマイナスなどということがありますが、収

益物件の活用も全く同じです。

売却までの利益の最大化が前提

収益物件の活用は、物件を取得し、管理運営を行い、最後に売却するまでの一連の活動であることを先に述べました。

では、収益物件を活用する目的はなんでしょうか。目的をはっきりさせることで取り組みの方針が明確になります。

本書における**収益物件活用の最大の目的は、「副収入」「貯蓄」「生命保険」「節税」の4つの活用方法を通じてオーナー社長の会社および個人の資産を守ること**に他なりません。

そしてそれは、収益物件から得られる利益を最大化することを前提とします。損を出して節税ができても意味がないからです。では、最大化するべき利益とは、いったいなんでしょうか。

収益物件活用の利益の基本的な考え方は

収益物件活用の利益

利益 ＝ 売却金額 － 取得金額 ＋ 収入 － 支出

（売却金額 － 取得金額）：売　買
（収入 － 支出）：保有期間

（例）9000万円 － 1億円 ＋ 4000万円 － 2000万円
＝1000万円（利益）

売却金額　－　取得金額　＋　収入　－　支出

となります。

物件を買った金額と売った金額の差、および保有期間中の入ってきたお金と出ていったお金の差を合計したものが、いわゆる「利益」です。

この利益を最大化するという視点を外してしまうと大きなミスを犯すことになってしまいます。

例えば1億円で買った物件が7年後に9000万円で売れたとします。その7年間に収入が4000万円あって、2000万円の支出があれば、

9000万円－1億円＋4000万円－2000万円
＝1000万円

ということで1000万円の利益となります。

トータルでの利益を意識しないと、物件は新築が良い、かっこいいほうが良いということに目がいってしまいま

す。住むための自宅を取得するのではありませんので、あくまでも利益の最大化に主眼を置かなければなりません。

利益最大化という視点を持ちながら、先述した4つの活用方法に照らし合わせることによって、選ぶべき物件は変わってきます。例えば、相続税を減らすために収益物件を活用するのであれば、相続税の課税対象額を大きく圧縮できる物件を選ぶ、ということです。ただし、繰り返しになりますが、物件を取得し、管理運営を行って、売却をしてトータルで利益を出せる物件を選ぶ必要があるのはいうまでもありません。

収益物件活用の9割は初期設定で決まる

収益物件の活用の9割は、初期設定で決まります。

入居者の入る適切な物件を、利益の出る適切な価格で、減価償却を大きく取れる土地・建物価格の適切な割合で、そしてキャッシュフローが回る適切な資金調達で取得すること

初期設定の重要性

- ☑ 適切な物件
- ☑ 適切な価格
- ☑ 適切な土地・建物比率
- ☑ 適切な資金調達

が初期設定として重要です。**初期設定の最適化こそが、収益物件活用の成否を分けるといっても過言ではありません。**

なぜなら、これらの設定は、後々変更することができないからです。

違う物件を取得すればよかった。もう少し安く取得すればよかった。建物価格を大きく取ればよかった。もっと長期で借り入れをすればよかった。

どれだけ後悔しても後の祭りです。ある意味、収益物件の活用というのは、装置産業的な要素があります。もちろん、空室率が高くなっている現在においては管理運営面の要素も大切になってきてはいますが、この初期設定をどれだけ適切に行えるかということが何より重要なのです。

「投資回収線」と「物件価格推移線」で考えれば失敗はない

収益物件の活用では、物件を取得し、管理運営をして最後に売却するまでの一連の活動を経て、利益が出るか出ないかが確定します。そして利益とは、「売却金額－取得金額＋収入－支出」であることを述べました。

この数式をわかりやすく図式化したのが次ページの「損益判定グラフ」です。グラフの縦軸に価格である原価を、横軸に時間を取ります。

では、グラフの見方を説明しましょう。例えば、物件を1億円で取得します。取得時点の原価は1億円です。時間が経つにしたがって原価は下がっていきます。これは、毎月賃料収入を得ることで取得原価が下がるからです。

例えば、7年間で2000万円の純収入を得れば、原価は8000万円になります。この場合の純収入とは、賃料収入から経費（管理費や修繕費、固定資産税など）を控除し、利益に対する法人税や所得税を引いた後の手取り収入です。純収入を早く多く得られるこ

損益判定グラフ

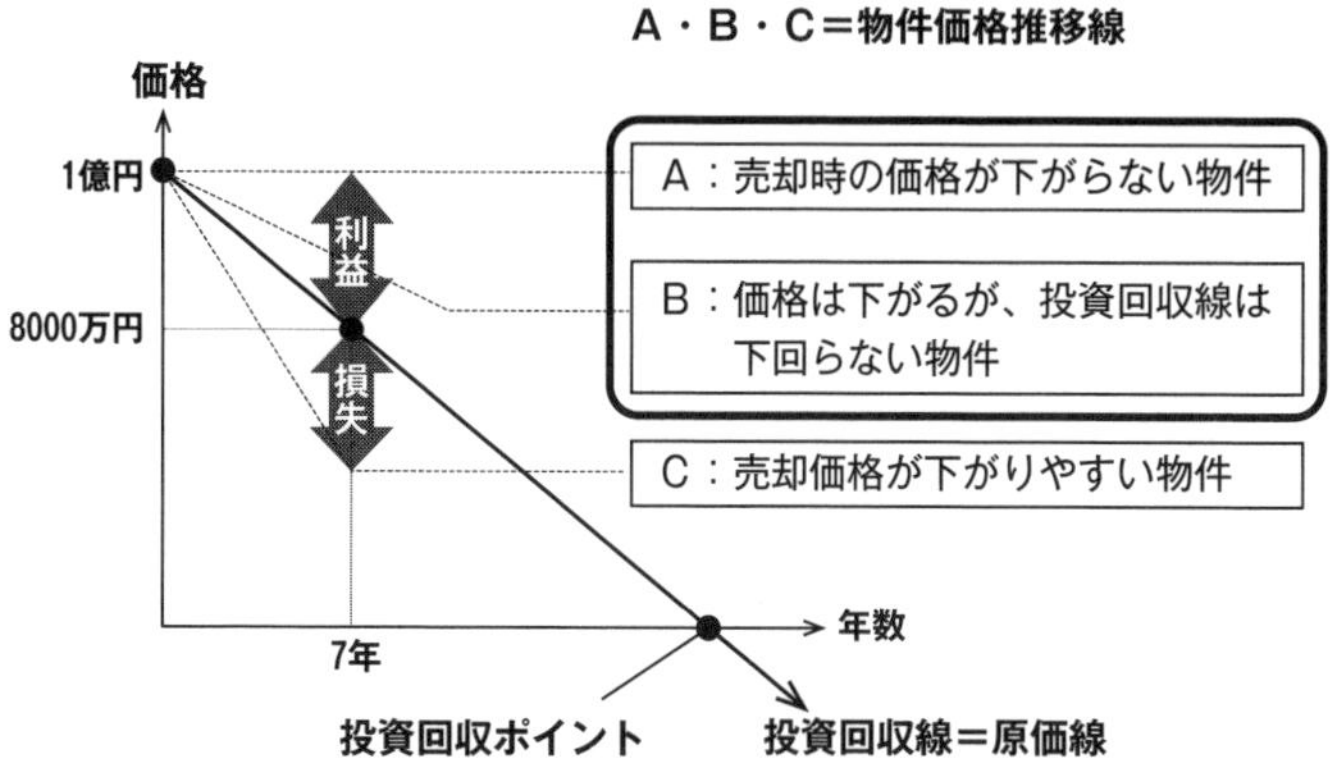

※良い物件はA、Bのように価格が投資回収線を下回らない
⇒ 純収入が多い ＋ 物件価格が下がらない

とで原価も早く下がっていくため、利益を最大化しやすくなります。

この原価が下がっていることを表すのが右下がりの投資回収線です。時間が経つにしたがって投資回収が進み、最終的には投資した1億円をすべて回収します。これが投資回収ポイントとなります。その後にさらに物件を所有し続ければ、すべて利益となります。

次に見るべきは、取得した物件の市場価格がどのように変化していくかということです。投資回収線と物件価格の推移の両方が、損益を判定するのに必要になります。

収益物件の価格は、グラフのBのようになだらかに下落していくのが一般的です。現在の日本では築年数の経過とともに賃料が下がっていきます。賃料の下落に伴って賃料収入が減少しますので物件価格も下がるからです。賃料の落ちるペースは物件によって異なります。

また、物件価格は際限なく下がっていくわけではなく、あるポイントで止まってそのまま推移します。下落がストップするのは土地値です。**一般的に不動産の価格は物件価格に占める土地の価格を下回ることはありません**。ですからAのように価格の下がらない物件は、物件価格に占める土地値の割合が大きい物件といえます（このような物件を「土地値物件」といいます）。逆にCのように価格が大きく下がる物件は、土地値の占める割合が小さい物件といえます。

7年間で2000万円を投資回収した物件の原価は8000万円です。7年後の時点で、この物件を売却するとします。8000万円で売れればこの投資による損益はプラスマイナスゼロとなります。1億円で売れれば2000万円の利益、6000万円でしか売れなければ2000万円の損失です。

Aのように物件価格が下がらない、もしくはBのように下がり幅が小さい物件は利益の出やすい物件です。逆にCのように物件価格が大きく下がってしまう物件は、たとえ順調に投資回収していっても、最終的には損失が出てしまう物件です。

物件価格が投資回収線を下回らないように、価格が下がらない物件で早く投資回収する。これが、売却までを考慮した収益物件活用の基本的な考え方になります。

投資回収を早めるためには「実質利回り」と「税金のコントロール」が必須

37ページのグラフの投資回収線について詳しく説明していきます。

投資回収線は、下降の角度が急になればなるほど、投資回収が早く進んでいることを示します。つまり、利益を最大化しやすいということです。例えば1億円を投資して、5年で3000万円回収できる場合と、同じく5年で1000万円しか回収できない場合を比較して考えてみてください。当然ですが、前者のほうが利益を最大化しやすくなっていることになります。前者は投資から5年経過した時点で原価が7000万円まで下がっていますが、後者はまだ9000万円もあります。

では、どうすれば投資回収を早くすることができるのでしょうか。

投資回収線が表すのは、あくまでも純収入です。**純収入とは、賃料収入（売上）から諸経費を差し引いて、かつ税金を支払った後、純粋に手元に残る手取り収入のことです。**この純収入を増やすことで投資回収が早く進むのですが、そのためには2つの重要なポイン

投資回収のスピードの違い

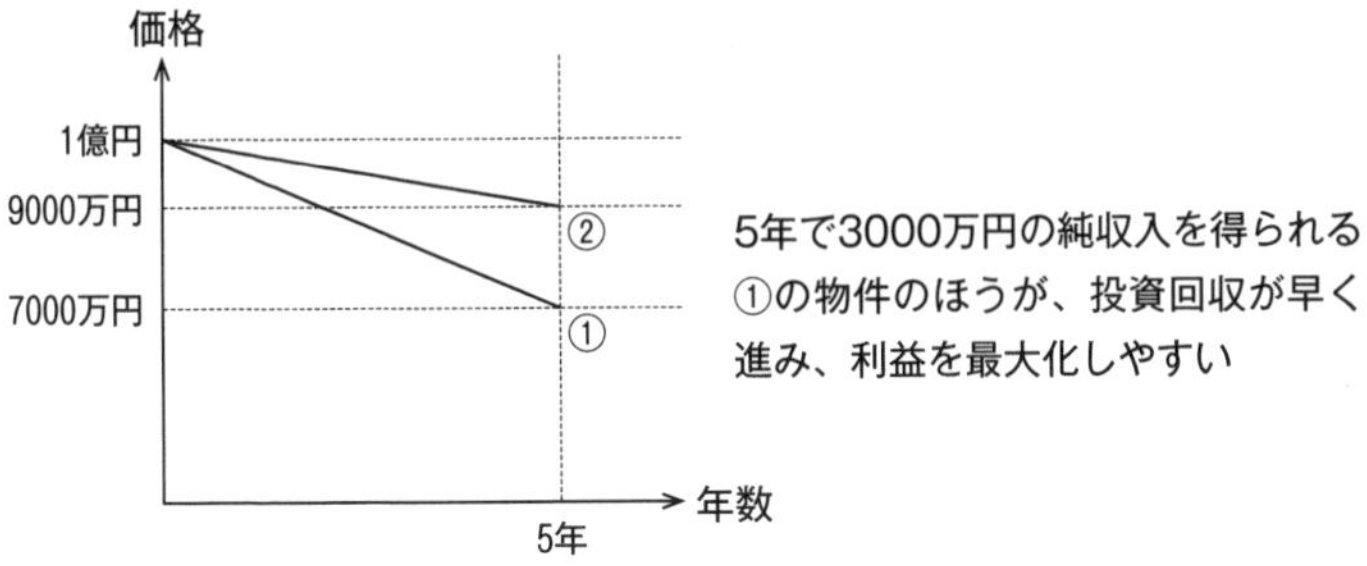

5年で3000万円の純収入を得られる
①の物件のほうが、投資回収が早く
進み、利益を最大化しやすい

収益物件の純収入

純収入＝賃料収入－経費－税金

トがあります。

ひとつは、**なるべく経費のかからない物件を選ぶこと**です。いくら賃料収入が入っても、多くの経費がかかってしまえば利益は出ません。

2つ目は、**できるだけ税金を抑えること**です。純収入は税引後の手残りですから、税金を最小化できれば手取り収入は最大化します。税金を減らすといっても脱税等は絶対にしてはいけません。ただ、収益物件であれば合法的にある程度税金をコントロールできますので、いかにコントロールするかがポイントになるのです。具体的には税金の先送りが中心となります。

経費の最小化と税金のコントロール。この2点を意識することで、収益物件の純収入（手取り収入）は最大化できます。

なお、特殊事情で相場よりも物件を安く買えれば利益を最大化できますが、汎用性がないため本書では相場で買っても利益を出せる方法について解説していきます。

表面利回りよりも実質利回りを重視する

では、まず経費のかからない物件を選ぶことから説明します。

収益物件の世界では、一般的に利回りというと表面利回りで表記される習慣があります。しかし、利益を最大化するという点においては、表面利回りではなく実質利回りで考えていく必要があります。

37ページのグラフで投資回収線を紹介しましたが、この投資回収は純収入になります。純収入とは賃料収入から経費を控除した後の収入です。

ある意味、賃料収入は売上で純収入は粗利益と考えていただければよいでしょう。現在の企業経営においては、売上はあまり意味を持ちません。あくまでも粗利益がどれだけ出るかというのが重要ですが、収益物件も同様です。

いくら賃料収入が入ってきても、経費が大きくかかれば粗利益が減ってしまうので意味がないのです。

次ページの表をご覧ください。同じ表面利回り10％の物件でも実質利回りでは8％と7％という形で1％も違ってきてしまうのです。売上は同じ1000万円でも実質の収入

木造とＲＣ造の実質利回りの違い

		木造	ＲＣ造
物件価格		1億円	1億円
満室時賃料収入（売上）		1000万円	1000万円
表面利回り		10%	10%
運営費	管理手数料（5%）	50万円	50万円
	建物管理料	90万円	150万円
	固都税	60万円	100万円
実質収入（粗利益）		**800万円**	**700万円**
実質（ＮＥＴ）利回り		8%	7%

物件にかかる経費は構造によって変わる
経費が多くかかる順＝RC造＞鉄骨造＞木造・軽量鉄骨造

（粗利益）だと800万円と700万円で100万円も違ってしまいます。

一般的に、鉄筋コンクリート（ＲＣ）造の物件は維持するための経費が大きくかかり、実質利回りが低下する傾向にあります。建物が堅固にできているため固定資産税が高くなるうえに、メンテナンスに費用がかかります。またエレベータ等の設備があれば、その維持にも費用がかかるためです。

一方、木造や軽量鉄骨造の物件は一般にＲＣ造ほどのコストがかかりません。

投資効率および利益の最大化という点から考えると、木造や軽量鉄骨造の物件がＲＣ造の物件に比べて優れているといえます。ただし、木造や軽量鉄骨造の物件は基本的に2階建て（場合によっては3階建て）であるため、大型物件がなく、一度に大きな投資をしたいという場合には不向きであるといえます。

投資回収を早く進める税金のコントロール

経費の次にかかるのは税金です。税金を抑えることで純収入は増えます。そして、税引後の利益、つまり純収入が多くなるほど投資回収のスピードは速くなります。

収益物件から賃料収入（売上）を得て利益が出れば、その所得に対して所得税あるいは法人税の課税がなされます。1000万円の所得に40％の税金がかかれば手元に残るのは600万円です。

しかし収益物件の場合は、この課税所得をある程度コントロールすることが可能です。第3章で詳しく説明しますが、減価償却の制度をうまく利用することによって、帳簿上に多額の費用を計上することができます。もう少し具体的にいえば、年間1000万円の所得があった場合でも、減価償却費を1000万円計上して、当該年度の課税所得をゼロにし、税金を先送りすることもできるのです。

税金が少なくなれば手元に残る純収入が大きく増えますので、投資回収が早く進み、利益が最大化する、ということです。

ではどのように減価償却費を計上すればいいのかというノウハウについては、物件の構造、買い方など様々あります。これらのノウハウをうまく使って税金をコントロールすることになりますが、ここでは投資回収を早めるために税金を抑えることが重要である、ということだけをしっかりと理解しておいてください。

税金のコントロール、とあえて述べているのは、減価償却では税金が消えてなくなるわけではなく、厳密にいうと次年度以降に先送りしている（繰り越している）ことになるからです。少し難しい話になってしまいましたが、税金を次年度以降に先送りしていくことで当面の純収入が増え、投資回収が早まることは間違いありません。さらに、物件の売却時にしっかりと戦略を立てておけば、繰り越していった税金を圧縮する手法もあります。ですから、取得から売却までの一連の活動で利益を考えなければならないわけです。税金のコントロールについては第3章で詳しく解説します。

収益物件の価格は「収益性」と「資産価値（土地値）」で決まる

次に「物件価格推移線」（37ページのA・B・Cの線）について解説します。

損益判定グラフで見たとおり、収益物件で利益を出すポイントは、物件価格が投資回収線を下回らないことです。そのため、**投資回収を早く進めることと同時に、物件価格が下がらないことが重要**になります。

では、収益物件の価格はそもそもどのような形で決まるのでしょうか。

結論からいえば、収益物件の価格はその「収益性」と「資産価値（土地値）」によって決まります。

物件の収益性とは、その物件から年間いくらの賃料収入が発生し、利回りが何パーセントであれば買う人がいるか、というものです。

ポイントになるのは賃料収入と期待利回り（キャップレート）で、この2つの数字によって物件価格が割り出せます。例えば、年間賃料1000万円を生み出し、利回り10％で

買う人がいる場合の物件価格は、

1000万円　÷　10%　＝　1億円

ということになります。

このケースでは、1000万円が基準賃料であり、10%が期待利回りということになります。

次に、資産価値によって価格が決まる場合です。日本の不動産においては、中古の建物はほとんど価値を持ちませんので、物件の資産価値は土地値とほぼイコールになります。

土地値は非常に単純です。坪あたり100万円の土地が100坪あれば、

100万円　×　100坪　＝　1億円

ということになります。

収益性と資産価値（土地値）という2つの指標で価格を算出し、高いほうがその物件の価格になります。

例えば、次ページの図のAとBのアパートをご覧ください。

Aは土地代1000万円の30坪の土地に、年間1000万円の賃料収入が入るアパートが建っています。

収益物件の価格は収益性と資産価値で決まる

【収益性】基準賃料÷期待利回り＝物件価格
【資産価値】土地の坪数×坪単価＝物件価格
（上の２つのうち）高いほうが物件の価格

（例）

【A】
土地は狭いが賃料収入は多い

賃料収入1000万円

30坪

【B】
賃料収入は少ないが土地は広い

賃料収入500万円

100坪

☆【収益性】1000万円÷10%＝1億円
【資産価値】30坪×100万円＝3000万円

【収益性】500万円÷10%＝5000万円
☆【資産価値】100坪×100万円＝1億円

どちらも物件価格１億円

収益性で見ると、利回り10％で買いたい人がいるとして
1000万円　÷　10％　＝　1億円
となります。
一方この物件の資産価値を算出すると
100万円　×　30坪　＝　3000万円
となります。
2つの価格を比較すると収益性での評価のほうが高いので、この物件の価格は1億円となります。

次にBのアパートを見てください。土地が広いわりには建物が小さく賃料収入が少ない物件となっています。
収益性で見ると、同じく利回り10％で買いたい人がいれば
500万円　÷　10％　＝　5000万円
となります。この物件が5000万円かというとそうではなく、資産価値を考える必要があります。
この物件の資産価値を算出すると、

100万円　×　100坪　＝　1億円

となります。

Aと違って、収益性よりも資産価値のほうが高いので、Bの物件価格は1億円になります。

ここまで計算してみてわかるのは、**不動産の価格は土地値（いわゆる更地価格）以下にはならない**ということです。賃料収入が少ない（利回りが低い）といっても土地値以下にはならないのです。

これは、中古住宅を考えていただければわかりやすいでしょう。築30年、40年とどんなに築年数が古くても、土地値以下の価格になることはないのと同じです。

物件価格が下がらないための条件

物件価格が下がらないというのは、投資信託でいえば元本が減らないということです。投資という点で考えたときには、非常に重要なポイントになります。

減価しない物件の条件

［前提］
物件価格のなかで土地値の占める割合が大きい

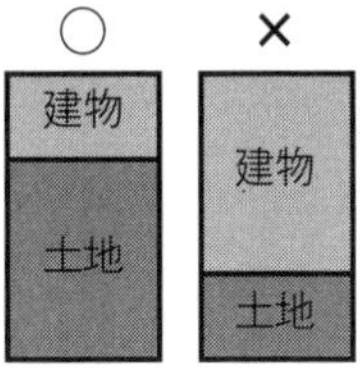

［収益性の物件の場合］
①賃料が下落しない

賃料が10%下がる＝物件価格が10%下がる

②期待利回り（キャップレート）が上がらない

価格が下がらないためには、まず物件価格に占める土地値の割合が大きいことが前提になります。なぜなら先述のとおり不動産は土地値以下にはならず、土地値が下限となるからです。**建物は古くなるにしたがって減価していきますが、土地は減価しません**。つまり、**物件価格に占める土地値の大きい物件ほど、価格が下がらない**ということになります。

例えば、次ページのCとDの物件を見てください。同じ1億円の物件ですが、Cは土地値が3000万円、Dは土地値が8000万円です。

価格が下がらないのは、どちらでしょうか？　もうおわかりだと思います。Dのほうが物件価格に占める土地値の割合が大きいため、Dはどんなに価格が下がったとしても、8000万円までにとどまるということになります。

次に収益性で価格が決まるタイプの物件（50ページのAのタイプ）については、賃料が下がらないことと期待利回りが上がらないことが、物件価格が下がらない条件です。

具体的に見ていきます。50ページのAの物件を再度ご覧ください。

この物件の1000万円の年間賃料収入が1割下がって900万円になると、期待利回りが同じだとすれば、

1000万円　÷　10%　＝　1億円

↓

物件価格は土地値までしか下がらない

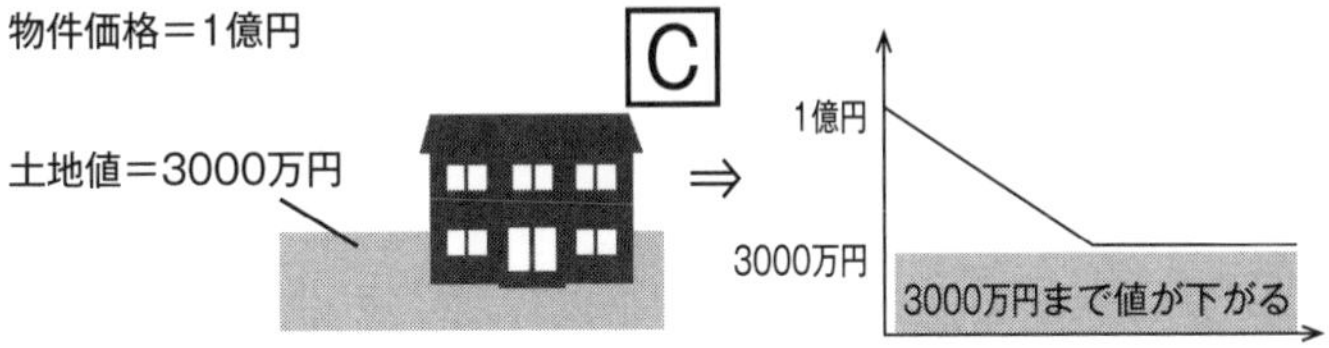

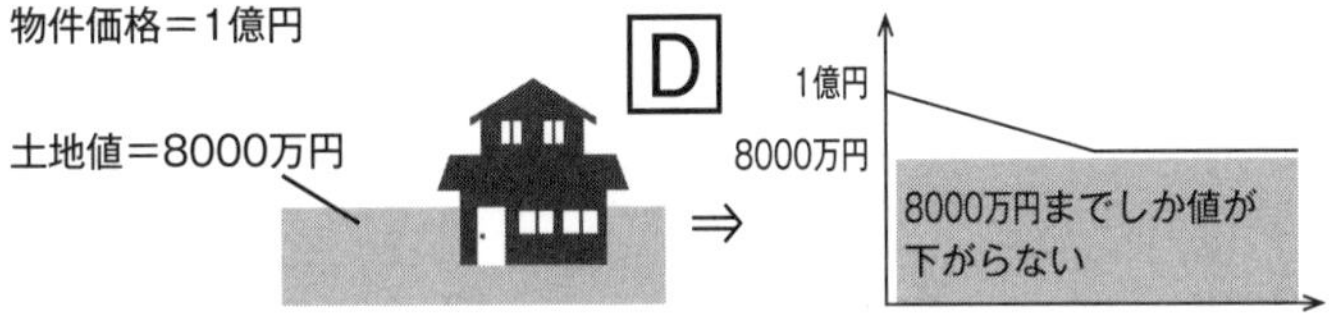

900万円　÷　10％　＝　9000万円

と、物件価格が1000万円下がることがわかります。

逆に期待利回りが上がると

1000万円　÷　11％　＝　9090万円

ということで、同じく1000万円程度価格が下がってしまうことになります。

投資対象は中古物件（新築は利益が出ない）

ここまで述べてきたように、利益を最大化するためには、「純収入が多い」ことと「物件価格が下がらない」ことの2点が外せません。

この2点を満たす収益物件は、中古の物件です。

逆にいえば、新築物件は絶対に買ってはいけない対象になります。なぜなら、新築物件は、そもそもの利回りが低いため純収入が少なく、かつ物件価格が大きく下がってしまうからです（ただし、土地を安く仕入れられたり、建物を安く建てられたりする特殊な場合はこの限りではありません)。

まず投資回収について見ていきます。一般的に新築物件の表面利回りは中古に比べて極端に低くなってしまいます。

諸経費は中古に比べて抑えられるというメリットがありますが、減価償却を含めた税引後の利回り(純収入)という観点から見ると、新築物件は投資効率が悪くなります。

その理由は、中古物件は短期間で減価償却を取れますが、**新築物件は償却期間が長くなってしまうため、節税効果も取りにくくなってしまう**からです。

次に新築物件の物件価格の推移を見ていきます。

まず賃料ですが、新築物件の場合は新築プレミアムということで初回入居の賃料にプレミアムが付いて高くなります。周辺相場より1~2割程度高い賃料でも、新築であれば入居者が見つかるのです。例えば周辺相場が8万円でも、新築時の1回のみ10万円で入居者が入ります。しかし、その入居者が退去してしまえば、賃料は一気に1~2割下がって8万~9万円になってしまいます。

賃料が1~2割下がってしまうということは、物件価格が1~2割下がるということです。1億円の物件が簡単に8000万~9000万円になってしまいます。

中古物件の場合は、このような極端な賃料下落は一般的には起こりません。

新築物件は価格が急落しやすい

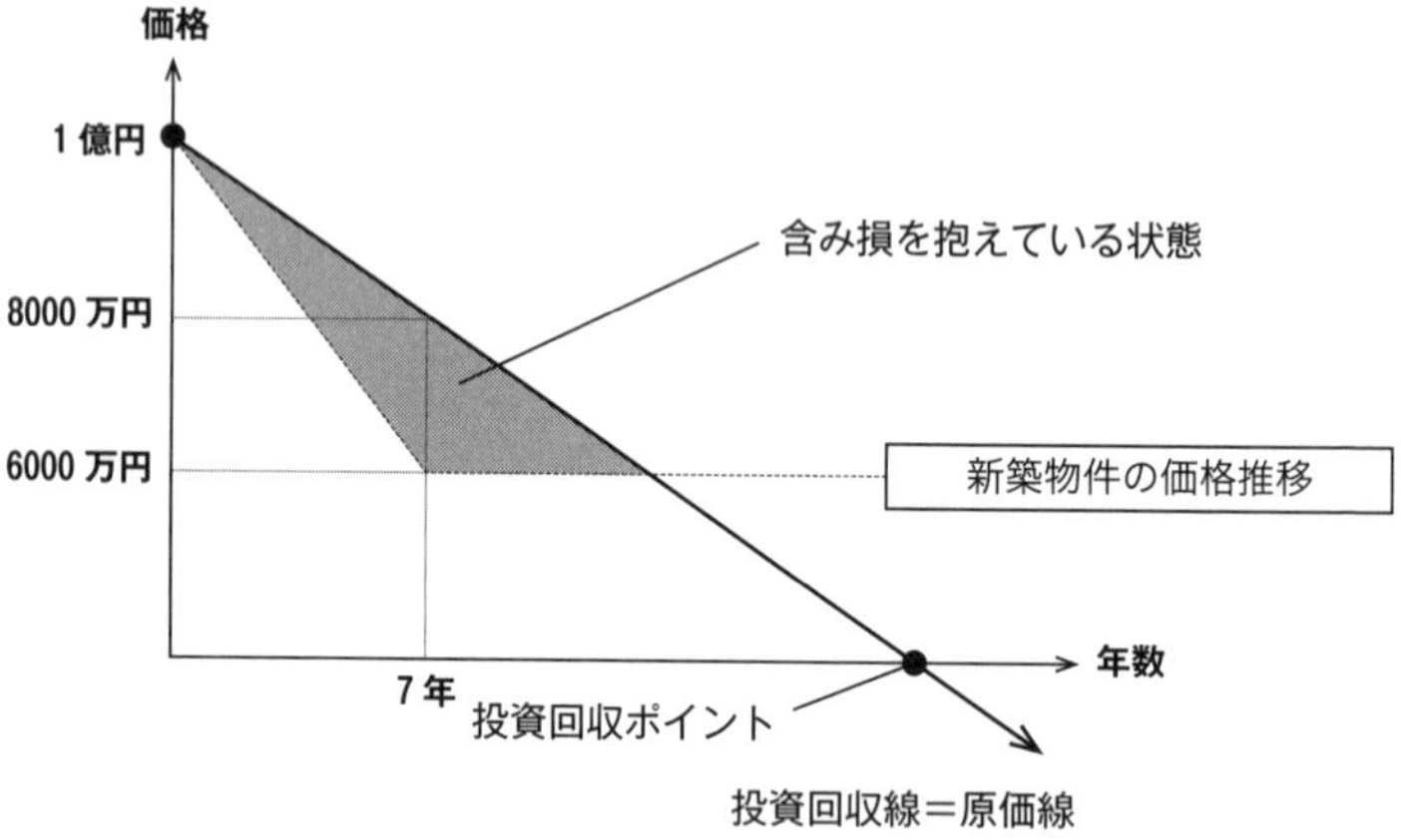

新築物件は投資回収のスピードが遅いうえに価格が下がりやすい

	〈賃料収入〉		〈期待利回り〉		〈物件価格〉
［新築時］	600 万円	÷	6%	＝	1 億円
	↓ 15% 下落		↓ 1% 上昇		↓約 30% 下落
［数年後］	510 万円	÷	7%	＝	7285 万円

さらに、新築物件の場合は期待利回り（キャップレート）も上がってしまいます。新築だからと期待利回り6％で買った人も、築5年の中古になれば6％では買わないはずです。7％もしくは8％は欲しいよね、ということになります。

賃料の下落と期待利回りの上昇という、物件価格が下落する要因を新築物件はその構造上抱えてしまっているのです。

例えば、賃料が15％下がって期待利回りが1％上がると、どのくらい物件価格が下がるか上図の計算で見てみましょう。

1億円で買った物件が、わずか数年で7000万円ちょっとになってしまいます。つまり、たった数年で3000万円近い価値の下落を生んでしまうのです。新車を買って最初の3年間で大きく価格が下がるのと同じです。

また、中古の場合は比較的土地値の占める割合が大きくなるのが一般的ですが、新築物件の場合は、土地値の占める割合が小さく建物価格の占める割合が大きくなります。新築物件は、58ページの価格推移線のような状態になってしまうのです。

まとめると、新築物件は投資回収のスピードが遅く、しかも物件価格が下がりやすいという性質を持っているため、利益を出しにくいということです。

以上のことから、収益物件の活用対象となるのは中古物件という結論になります。

中古物件はレントロールに注意する

収益物件の活用においては中古物件の取得がベストな選択であると述べてきましたが、中古物件であれば何でもいいというわけではないので注意が必要です。注意点のひとつは、既存入居者の入居条件（レントロール）です。

次ページの表を見てください。

この物件は4部屋ですが、過去から入居している部屋の賃料が、現在の相場賃料に比べて高くなっているのがわかります。直近で入居した101号室の7万5000円が現在の賃料相場であるということです。

レントロールで賃料をチェック

部屋番号	現状の賃料	相場の賃料
101	75,000円	75,000円
102	100,000円	75,000円
201	110,000円	75,000円
202	95,000円	75,000円
合計(月額)	380,000円	300,000円
合計(年額)	4,560,000円	3,600,000円

退去すると

物件価格(利回り10%)の変化

4560万円 ⇒ 3600万円

21%
下落

そのため、101号室以外の部屋が退去してしまえば、新たな入居者の賃料はすべて7万5000円になってしまい賃料収入が大きく下がってしまうことがわかります。

4室の賃料収入の合計では、現在月額38万円のところが30万円にまで下がってしまうのです。これによって物件価格も下がってしまいます。この物件が利回り10%だとすると、4560万円の物件価格が3600万円になってしまう計算です。

ですから、**物件を選ぶときにはこのレントロール**（賃借条件を確認するための書類で、部屋ごとの契約賃料や共益費、敷金の金額、契約年月日などが記載されている）**をよく吟味することが大切**です。

そして、現在の相場と比較して大きくかい離して（高い賃料で）入居者が入っている物件は、現在の相場に引き直して見ていく必要があります。なぜなら、相場より高い賃料で入ってくれている人が退室してしまえば、家賃設定を下げなければ次の入居者獲得が困難になるからです。

中古物件の建物状況は可能な限りチェックする

レントロールに加えて注意しなければならないのは、物件の建物の状況です。特に中古の場合は不具合のある可能性が高いので要注意です。

軽微な不具合であれば問題ありませんが、大きな不具合は修繕のために莫大な費用を要し、利益が出なくなってしまう可能性があるのです。特に給水管、排水管といった配管関係や、エレベータ、耐震工事等は、私の経験上、修繕費用が高くつく傾向があります。特に築年数の古いＲＣ造の物件は注意が必要です。

ですから、古い物件（特に昭和56年5月以前に建築確認をとった旧耐震物件）は事前の調査が欠かせません。**物件の中身をわからないまま買うことは大きなリスクです。**過去に水漏れがあったか、修繕をしているのか、エレベータの籠を取り換えているかなど、建物の修繕履歴は可能な限り把握する必要があります。そのため、第4章で述べるように物件の状態を把握している不動産会社から買わなければならないのです。

また、**物件の取得段階で、取得後に実施する必要がある工事がわかっていれば、取得原価に算入したうえで収支を計算します。**そうすることで、取得後の収支のぶれが限りなく

修繕費まで含めて取得原価を考える

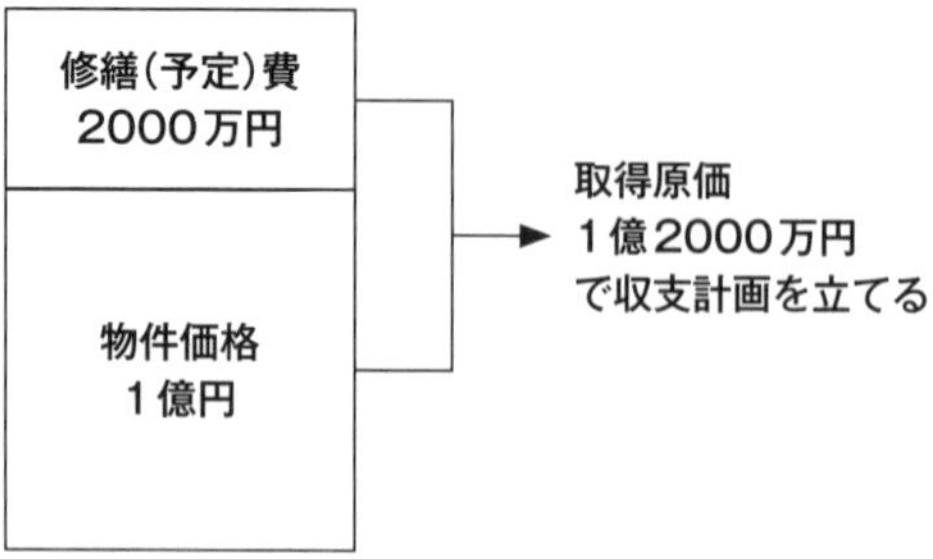

小さくなり、安心して収益物件の活用に取り組むことができます。

修繕履歴とは直接は関係ありませんが、中古物件の場合、建物図面がないケースがほとんどです。売買契約にあたって図面があるかどうかを確認し、ある場合は売り主から必ず引き継いでください。図面があれば戦略的な修繕を行いやすくなります。

収益物件活用のリスク

収益物件はあくまでも不動産ですので、収益物件の活用とは、端的にいえば不動産投資でもあります。当然、不動産投資にはリスクも付きまといますので、そのリスクについても確認しておきましょう。

第一に、賃料収入が得られなくなってしまうリスクがあります。借り入れによって収益物件を取得し、その賃料収入で借り入れの返済をするのが収益物件活用の基本的なスタイルになるので、その返済原資である賃料を得られなくなってしまうことは極めて大きなリスクとなります。

ですから、きちんと入居者が入る物件を見極め、取得することが重要です。入居者の入らない物件を取得してしまっては活用どころではありません。

しかし、この物件の見極めおよび管理運営の方法については、コントロールすることができるので、やり方によって「収入が入らない」というリスクは十分に回避できます。

一方、回避できないリスクとして、事件や天災があります。例えば、物件内で殺人事件が起こってしまえば、入居者が入らなくなるだけではなく、資産価値が大きく毀損します。入居者の自殺は殺人事件ほどではないにしても、やはり資産価値の下落につながります。

この点に関しては、努力によって回避することが難しいのが現実です。私の会社では、1500棟以上の取引と16000戸近い管理を行っていますが、幸いにしてこのような事件には遭遇していません。可能性としては極めてゼロに近いのですが、ゼロにはならないという点でリスクとして認識する必要があります。

さらに、東日本大震災のような天災が起こる可能性もあります。こちらは、発生そのものはコントロールすることはできませんが、地震保険などの保険によってリスクを抑えることも可能ではあります。

このように、収益物件の活用においては、不動産ゆえに内在するリスクも把握し、徹底的にヘッジしていくことが必要です。

コラム 2

シミュレーションソフトを活用して投資精度を高める

収益物件の活用のデメリット（リスク）として、収益が変動する（固定ではない）という点が挙げられます。

現在の賃料は将来的に一定ではありませんし、空室が出ることもあります。これらを含めて利益を考えなければいけません。

常に同じ賃料で満室という想定では、絵に描いた餅になってしまうのです。

そこで活用するべきなのがシミュレーションソフトです。

私の会社では、オリジナルでソフトを開発し、事前にシミュレーションを行っておりますが、一般にもネット上を探せば利用することができます。

このソフトで、賃料の下落と空室率を想定し、また、取引主体（法人か個人かなど）の実効税率（法人税もしくは個人の所得税）をあてはめ、保有期間中の修繕計画（支出）、そして売却想定価格を入れることで物件の最終的な利益が算出されます。最終利益だけではなく、自己資金の回収年数やＩＲＲ（内部収益率）などの指標も一目瞭然となります。

いくつかの想定条件のなかでも入居率は特に大きな変動要因になります。管理運営をきちんと行うことが前提にはなりますが、あらかじめシミュレーションすることによって投資結果の予測精度が高まることは間違いありません。

例えば、築23年の中古木造アパートで物件価格1億円、年間賃料収入1000万円、土地・建物がそれぞれ5000万円の物件のシミュレーションをしてみます。

この物件の表面利回りは10％になります。入居率は95％ですが、賃料は毎年1％減少しています。購入者は個人で、年収5000万円の方です。この物件が、6年後に利回り10・5％（9000万円）で売れることを想定します。すると購入から売却までのトータルでの税引後利益が約1700万円と具体的な金額でシミュレーションできるのです。

シミュレーションのポイントは、数字を堅めに（控えめに）見ることです。空室も考慮し、賃料も下落すると考えます。そして物件の売却可能な金額も、下がった賃料をベースに期待利回りも上がった状態（10・0％⇒10・5％）で考える必要があります。

シミュレーションソフト画面サンプル

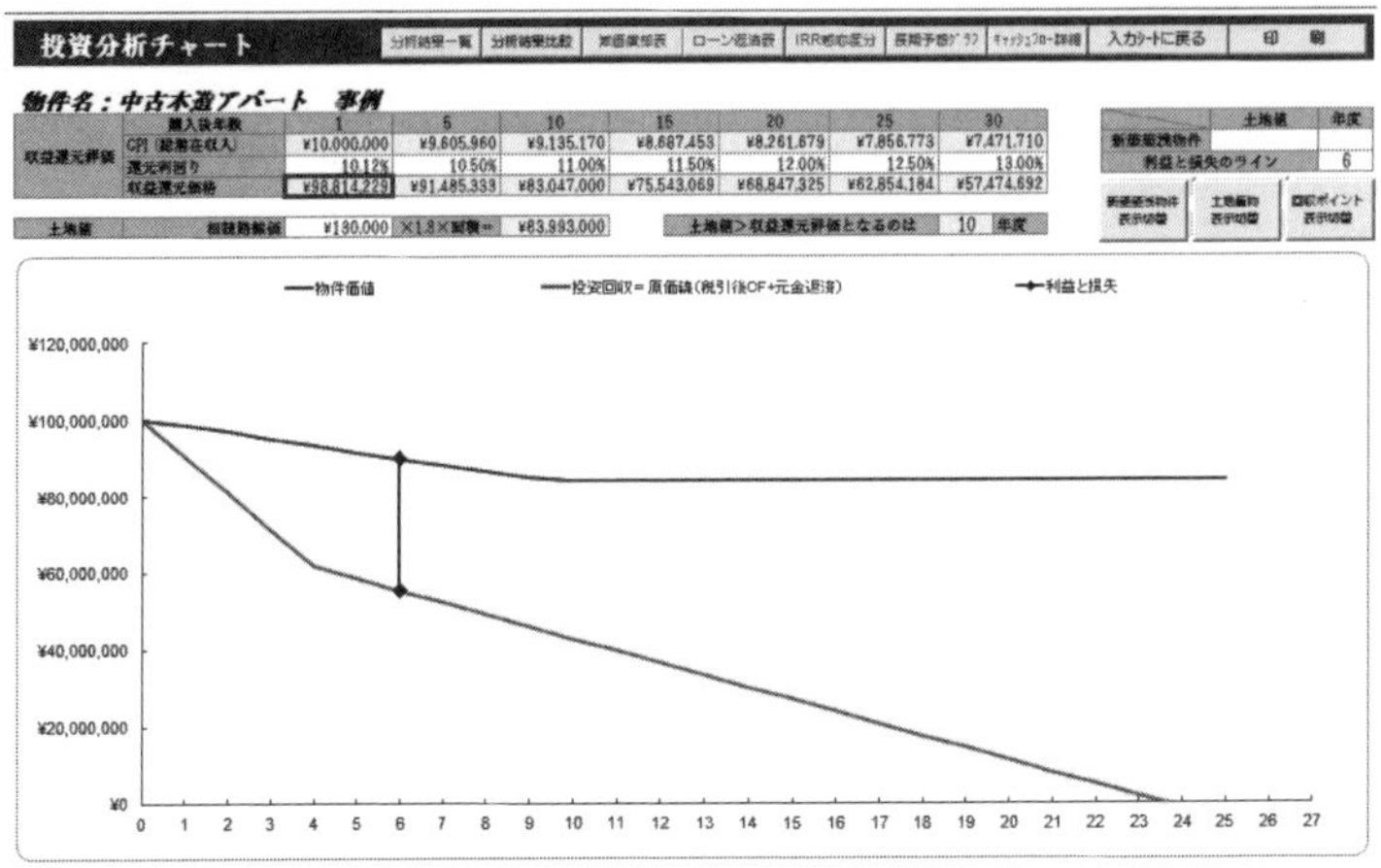

※税引前最終想定運用益＝19,130,270円
※税引後最終想定運用益＝17,254,470円

第2章

毎月の賃料で収入が安定。万が一の経営危機も乗り切れる

《副収入(キャッシュフロー)を得る》日本ほど高利回りで不動産運用できる国はない

収益物件活用の目的としてまず考えられるのは、副収入源としての活用方法です。言葉を換えれば、インカムゲインを得るための不動産投資ともいえます。

バブル崩壊以降、日本の不動産市況は、必ず土地が値上がりするとはいえない状況が続いています。バブル期のように、1億円で買って2億円で売るというのは現実的ではありません。

その代わりに、金融機関からの借り入れを利用して収益物件を取得し、賃貸して賃料収入を得るという投資が可能となりました。

次ページをご覧ください。1億円の一棟アパートで表面利回りが10%の物件事例です。

本書では例としてわかりやすくするため利回りを10%と仮定しますが、現在の実際の市場では10%よりは低い場合が多いでしょう。借り入れは1億円、年間の賃料収入が1000万円あります。ここから固定資産税などの諸経費がおよそ年間200万円かかります。

収益物件から副収入を得る

例）一棟アパート

物 件 価 格：1億円
表面利回り：10%
借 り 入 れ：1億円
借 入 期 間：25年
借 入 金 利：2%

〈税引前の年間キャッシュフロー〉

家 賃 収 入	1000万円
諸 経 費	200万円
元 利 金 返 済	600万円
キャッシュフロー	200万円

※元金を差し引いてもキャッシュが手元に残る！

さらに金融機関への返済である金利だけではなく、元金を差し引いても手元に年間200万円の収入が残ります。

これが副収入（キャッシュフロー）となるのです。厳密にはここから税金がかかりますが、詳細は後述します。

このようなことが可能なのは、不動産価格が安くなり、利回りが高く設定できるようになったためです。おそらく先進国で現在の日本よりも高利回りで不動産を運用できる国はないと思われます。一方で借入金の金利は史上最低水準で、1〜2％の金利で資金を調達できる環境となっており、そのこともオーナー社長にとって有利です。

実質利回りと金利の差が利益になる

収益物件からインカムゲインを得る場合、具体的には、物件利回りと借入金利との差が「利益」となります。簡単にいえば、金利1％でお金を借り、利回り7％で運用できればその差額である6％が利益ということです。

利回りは一般的に表面利回りで表記されますが、ここで説明しているのは「実質利回り」です。不動産においては、固定資産税、管理費、修繕費などの諸経費が発生します。これを控除した後の利回りを実質利回りといいますが、この実質利回りと借入金利との差（専門的には「イールドギャップ」といいます）が利益となります。

次の計算式をご覧ください。この物件は表面利回り10％ですが、実質利回りに換算すると8％となります。

物件価格：1億円
賃料収入：年1000万円（表面利回り10％）
諸経費：年200万円
借入金利：2％
1000万円 － 200万円 ＝ 800万円
800万円 ÷ 1億円 ＝ 8％

この実質利回り8％と借入金利2％の差の6％が利益となります。2％でお金を借りて8％で運用できるから利益が出るともいえます。

なお、実質利回りは古い物件ほど下がります。その理由は、古い物件は修繕の費用がかかるためです。また建築構造による違いは44ページで述べたとおりです。

いずれにしても**高利回り・低金利でイールドギャップが高く取れる環境によって、収益物件からインカムゲインを得られる仕組みが構築できる**のです。

イールドギャップを目安にすれば、どのような条件で借り入れすればいいか判断ができます。例えば、表面利回り9％、実質利回りでは6％という物件への投資を考えるとします。イールドギャップを4％以上は取りたいと考えた場合、借入金利は2％以下でなければならないことがわかります。「実質利回り6％－借入金利2％以下＝イールドギャップ4％以上」となるからです。

イールドギャップをどの程度狙うかは先述の活用の目的によって変わってきます。借入期間・金利にもよりますが、一般的に4～5％取れれば借入金の元金分の返済も可能になります。

日本は比較的イールドギャップが高く取れますが、海外ではゼロやマイナスになるケースもあります。

表面利回り・実質利回りとイールドギャップ

例）一棟アパート

物 件 価 格：1億円
借 り 入 れ：1億円
借 入 金 利：2%
家 賃 収 入：1000万円／年
諸　経　費：200万円／年
実 質 収 入：800万円／年

〈表面利回り〉

＝家賃収入÷物件価格×100

1000万円÷1億円×100＝**10%**

〈実質利回り〉

＝(家賃収入－諸経費)÷物件価格×100

(1000万円－200万円)÷1億円×100＝**8%**

〈イールドギャップ〉

8%－2%＝**6%**

税引前キャッシュフローで本業年収の半分を目指す

副収入としての活用には、万が一、本業での収入が途絶えた場合のスペアタイヤとしての役割があります。

すでに述べたように、現在のオーナー社長は、今は良いけれど来年は事業がどうなるかわからないというのが実情です。これだけ経済の流れが速くなっている現在においては、いつ何時会社の業績が悪化し、最悪の場合、倒産してもおかしくありません。また自分がいつ病気やけがをして仕事ができなくなるかもわからないのです。

そのもしもに備えるために、収益物件を活用して賃料収入で副収入が入る仕組みをつくっておくことが有効です。

そのため、**ひとつの目標としては税引前キャッシュフローで本業年収（役員報酬）の半分程度を目指す**とよいでしょう。

いったん出来上がった生活のスタイルとそれに必要な生活費の水準は、本業が不振になったからといって、急に下げられるものではありません。仮に本業の役員報酬が大きく下がるとしても、現在の暮らしの質を大きく落とさなくても生活していけるひとつの目安として、「本業年収の半分」の税引前キャッシュフローを収益物件から得られれば、万が一のときの下支えになると考えられるのです。

例えば、役員報酬5000万円のオーナー社長であれば、収益物件による税引前キャッシュフローで2500万円を目標とするとよいでしょう。キャッシュフローの目標額が先に決まれば、そこから逆算して取得する物件の規模を考えることができます。物件の利回りや経費の額、借入金の金利、期間によって変わってはきますが、表面利回り10%の物件を長期借入で取得した場合で考えれば、キャッシュフローは資産の3%前後となります。2500万円の目標キャッシュフローを3%で割り戻すと約8億3000万円となります。

役員報酬5000万円の方が収益物件の賃料収入で年間2500万円を確保しようとするなら、投資する物件の規模にして約8億3000万円が目安ということになります。

税引前キャッシュフローから取得物件の規模を考える

役員報酬５０００万円の半分を確保したい！
⇒目標とする税引前キャッシュフロー＝２５００万円

物　件　価　格	１億円
年　間　賃　料　収　入	1000万円
年　間　諸　経　費	200万円
元　利　金　返　済	500万円
税引前キャッシュフロー	300万円

１億円の収益物件１棟で税引前キャッシュフロー 300万円
同規模の物件８棟で2400万円

およそ８億円規模の投資が必要！

税引後キャッシュフローがさらに重要

ここまでは税引前のキャッシュフローで目標設定をしてきましたが、本当の意味でのキャッシュフローとは37ページのグラフで解説したとおりあくまでも手取り収入（純収入）です。手取り収入とは、税引前のキャッシュフローからさらに税金を引いた後のお金のことです。この税金がポイントになります。

もちろん、税引前のキャッシュフローの状態がマイナスになっていては話になりませんので、まずはここをプラスにすることが大前提です。その次の段階として税金を考慮し、税引後にどれだけ手元に残るかを考える必要があります。

税金（さらには税引後の収入）に大きな影響を及ぼすのが減価償却費です。次ページのAとBを比べてみるとわかるとおり、減価償却の設定によって税金の額が異なり、さらには税引後の手取り収入が変わってきます。

AとBの違いは減価償却の額です。つまり物件価格に占める建物の価格が違うということです。同じ1億円の物件でも、土地と建物の価格の割合が違うだけで2倍以上ものキャ

税引後のキャッシュフローで考える

例）

重量鉄骨造
物件価格：1億円
築年数：17年 ⇒ 減価償却期間20年
税率：50％

物件Ⓐ　土地：7000万円
建物：3000万円
減価償却費：150万円／年

物件Ⓑ　土地：3000万円
建物：7000万円
減価償却費：350万円／年

〈税引前キャッシュフロー（年間）〉※物件AもBも同じ

賃料収入	1000万円
諸経費	200万円
元利金返済	500万円
税引前キャッシュフロー	300万円 ……①

〈税引後キャッシュフロー（年間）〉

	物件A	物件B
賃料収入	1000万円	1000万円
諸経費	200万円	200万円
借入金利	200万円	200万円
減価償却	150万円	350万円
所得	450万円	250万円
納税額	225万円	125万円 ……②
税引後キャッシュフロー ①－②	75万円	175万円

手取り収入に2倍以上の差！

ッシュフローの差になります。この減価償却の額の違いが所得に影響し、納税額を決め、最終キャッシュフロー（純収入）を決定するのです。

まずここでは税引後のキャッシュフローが重要であることと、税金の額には減価償却が大きく関わってくることをご理解ください。減価償却の詳細については、節税ツールとしての活用に密接に関係しているため、第3章で解説します。

《貯蓄》元金返済で含み益をどんどん増やせる

収益物件の活用目的の2つ目は、貯蓄です。

借り入れを伴うことが一般的な収益物件の活用においては、賃料収入から借入金の返済をしていきます。これは、物件の実質利回りと借入金の利回りの差（イールドギャップ）が取れるために可能であると先述しました。

将来的に物件を売却することで換金する

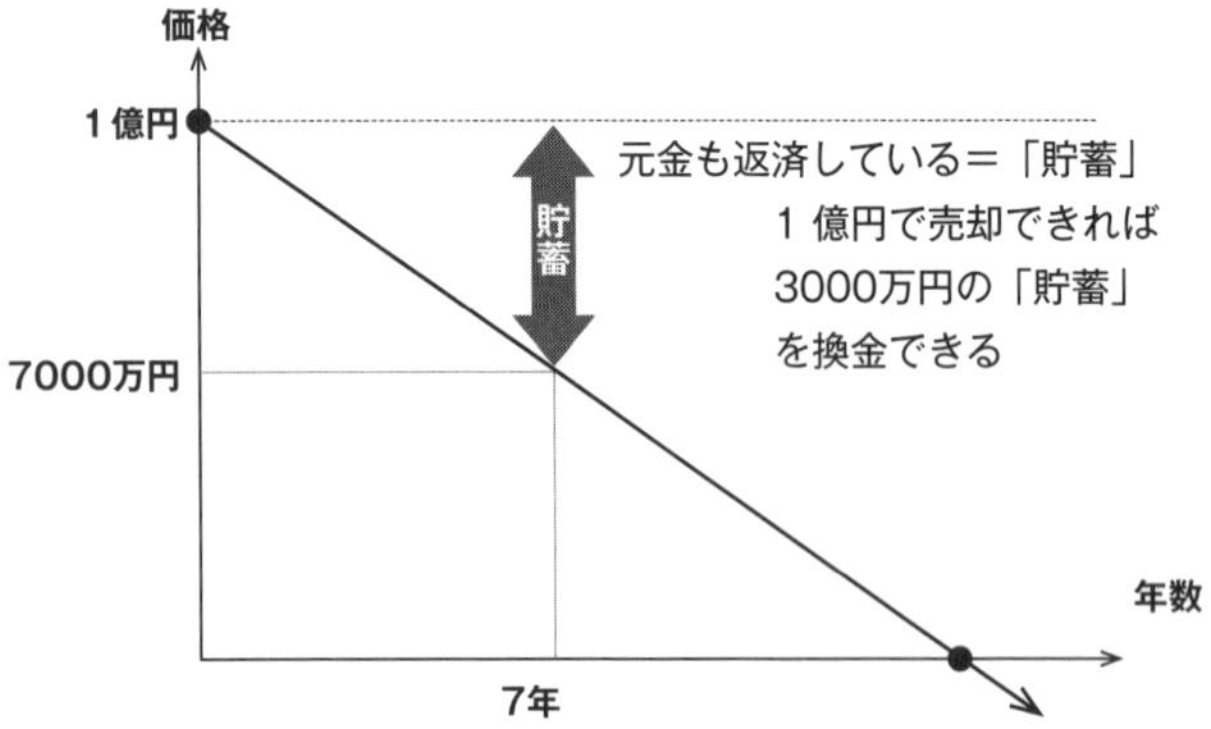

ポイントは、この借入金の返済において、賃料収入という原資から金利だけでなく元金までも返済できているということです。金利は経費の支払いですが、**元金の返済は貯蓄と同じ効果**があります。

というのも、毎月の賃料収入から管理費や金利だけでなく元金も返済すれば、返済した元金の分だけ物件の取得原価が下がっていくからです。例えば1億円の借り入れで3000万円分の元金を返済していれば、物件が1億円で売却できたときに残債7000万円を返済しても3000万円の現金が残ります。ですから、元金の返済分だけ、賃料収入を使って毎月貯金をしていると考えられるわけです。

これは、企業でいうところの含み益をどんどん増やしていくことと同じです。

もちろん先述のとおり、キャッシュフローを得ながら貯蓄もできます。元金の返済にプラスでキャッシュフローがある場合は、その合計が投資回収です。ただし貯蓄に重きを置く場合は、イザというときに売りやすく、かつ物件価格が下がらない物件を優先的に選ぶとよいでしょう。

なぜなら、必要なときに売却し、元金の返済部分、つまり貯蓄部分を現金化することが目的だからです。

利回り、土地代、流動性と立地の関係

イザというときに売れる物件とは、「流動性」の高い物件です。ここでいう流動性とは、投資商品の売買のしやすさを表す言葉です。公設市場で売買される株などの商品は流動性が高く、逆に不動産のように売り手と買い手が相対で売買交渉をするような商品は流動性が低くなるのが一般的です。

さらにいえば、株のなかでもトヨタやパナソニックといった出来高の多いメジャー銘柄は流動性が高い一方、一日に数単位の約定（取引成立）しかないような流動性の低いマイナー銘柄もあります。急に現金が必要になって株を売ろうとしても、流動性の低い銘柄では希望金額での売買が難しいこともあります（安い金額で売りに出さなければ買い手がつかないなど）。

同じことが、収益物件にも当てはまります。

貯蓄、つまりいつでも換金できることを優先して収益物件を活用する場合、流動性の高い物件を選んで活用すべきだということです。収益物件で流動性の高い物件とは、買いたいと思う人が多い物件です。例えば都心部の物件などですが、なかでも東京都心部の物件

利回り・土地代・流動性・入居率と立地の関係

	利回り	土地代	流動性	入居率
東京都六本木	△	◎	◎	◎
埼玉県大宮	○	○	○	○
栃木県宇都宮	◎	△	△	△

が流動性は最も高くなります。都心部の物件は土地代（坪単価）も高くなります。つまり土地代の高いエリアほど流動性は高くなるので、土地代と流動性は比例関係になります。

一方、一般に流動性・土地代と利回りは反比例の関係にあります。

端的にいえば、人気のある都心部ほど流動性・土地代が高く、利回りは低くなりがちで、逆に地方ほど流動性・土地代が下がる分、利回りは高くなる傾向があるということです。

具体的に、年間600万円の賃料収入が入るアパートを例に考えてみます。東京の六本木であれば、物件価格1億円でも買い手がいるでしょう。このとき表面利回りは6％です。

しかし、同じ年間の賃料収入600万円のアパートが埼玉県の大宮にあるとしたら、1

億円で買い手がつくでしょうか。結論をいえば、おそらく1億円では難しいでしょう。物件価格が7000万円であれば売れるかもしれません。このときの表面利回りはおよそ8・6％で、六本木のケースより高くなります。

同じ賃料収入であれば、需要と土地代の高い六本木では物件が高値でも買い手がいるものの、大宮では物件価格を下げないと、買い手にとって魅力がないということです。

さらに、この物件が栃木県の宇都宮市にあれば、7000万円でも買い手がつかず、5000万円ほどになってしまうかもしれません。利回りは12％とさらに高まります。

このように、都心に近いほど買い手が多い＝流動性が高く、都心から離れるほど買い手が少ない＝流動性が低くなる構造がおわかりいただけると思います。

利回りは地方ほど逆に高くなりますが、空室のリスクも高くなる（入居率が低い）ことには留意しなければなりません。投資にあたっては、利回り、土地代、流動性、そして入居率（空室率）を目的に応じて見極めることが重要なのです。

流動性を優先して収益物件を保有する場合は、その代わりとして一般的に利回りは抑えられる傾向となり、得られるキャッシュフローも少なくなります。

《生命保険》
団体信用生命保険で収益物件が死亡保障に

収益物件は生命保険の代わりにもなります。

個人が収益物件を借り入れで取得し、その借り入れに対して「団体信用生命保険」（団信）を付けることで、死亡時には借り入れ（債務）が免除されるというものです。

通常の保険では、1億円の生命保険を掛ければ死亡時に現金で1億円が支給されますが、この方法では現金ではなく収益物件が支給されるイメージです。なお最近は**死亡だけでなく高度障害やがんといった重病に対しても適用される商品がありますの**で、より利用価値が高まっているといえます。

この保険料は月々の賃料収入から支払われることになるため、実質的な支払いはありません。

厳密にいえば、借入金利に0・2〜0・3%が上乗せされるケースが多いのですが、場合によっては団信込みで金利設定されるケースもありますので一概にはいえません。昨今の低金利の市場においては、団信込みで1%台の金利という事例も少なくないのです。

保険料が借り入れ額の0・3%だとしても、1億円の借り入れを行った場合にかかるコストとしては年間30万円(1億円×0・3%)ですから、保障額1億円の生命保険に年間30万円で入れると考えれば、破格の安さだといえるでしょう。しかもその30万円は賃料から支払われるとすれば、負担は実質的にゼロです。

団体信用生命保険に加入できる上限は、一般的にはひとつの金融機関あたり1億円までとなりますが、一部の金融機関では3億円まで対応しているケースもあります。

相続人にとって不動産の相続が負担にならないことが前提ですが、1億円の現金よりも1億円の収益物件を相続するほうが、毎月賃料収入を生み出してくれるので価値が大きいといえます。現金は使ってしまえば減る一方です。

ただし、139ページで解説している相続税の節税という観点から見れば、死亡時に借り入れがなくなってしまうために、相続財産を減らす効果が得られないことになります。

借り入れのない不動産が残るので、むしろ財産が増えます。とはいえ、1億円の現金を通常の生命保険として受け取ることに比べれば、相続財産としての評価は低くなり、相続税の負担も軽くはなります。

なお、法人ではこの団体信用生命保険には加入できないので注意が必要です。オーナー

生命保険の掛け金を賃料収入で賄える

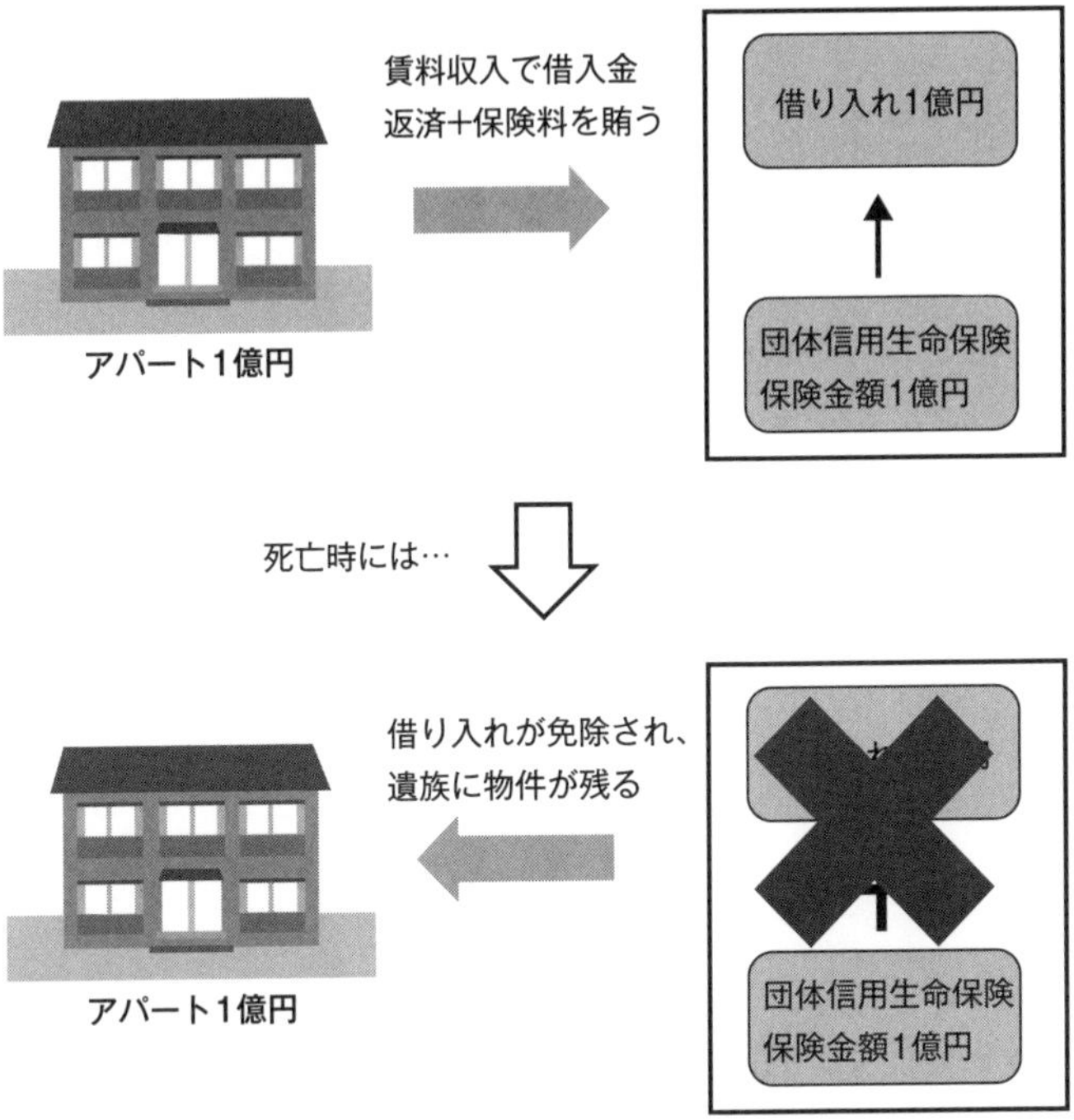

※注意！
相続税の圧縮という点では意味なし。
掛け金は1金融機関あたり上限1億円が一般的

社長やその家族名義で収益物件を保有する場合など、あくまでも個人での加入が前提となります。

第3章

収益物件活用で得られる絶大な節税効果

節税の手法は2パターン

収益物件の活用方法として、特にオーナー社長の皆さんにご紹介したいのが、節税装置としての活用方法です。

節税装置としての活用方法は大きく分けて2種類あります。

ひとつ目は「フローの節税」装置です。個人であれば所得税、法人であれば法人税の節税効果が得られます。

2つ目は、「ストックの節税」装置です。ストック、つまり資産にかかる部分で、個人であれば相続税対策の手法として、法人であれば株価（自社株）の評価減の手法として活用することができます。

いずれにしても、収益物件が節税に利用できる有効なツールであるということを解説していきます。

《フロー（所得税、法人税）の節税》キャッシュアウトせずに赤字を計上し、所得税・法人税が激減

では、フローの節税装置としての活用方法から見ていきます。フローの節税ですので、個人でこの手法を活用すれば所得税等の、法人で活用すれば法人税等の節税スキームが構築できます。より厳密にいえば、税の先送り（繰り延べ）を利用した節税スキームです。

スキームの概要を説明します。次ページをご覧ください。

物件価格1億円、築23年の木造アパートを、全額の借り入れで取得した場合の事例です。1億円の内訳は、土地5000万円、建物5000万円とします。このスキームの大きなポイントは、**現金支出（キャッシュアウト）せずに、会計上の赤字を計上できる**ことです。

まずキャッシュフローをご覧ください。

1000万円の賃料収入に、経費と借入金の返済を合わせて700万円の支出があり、

フローの節税スキーム

キャッシュフロー（C／F）

収入　1000万円
支出　▲200万円（管理費、固定資産税・都市計画税等）
　　　▲500万円（元利金返済）

税引前C／F　**300万円**

キャッシュは300万円プラスで、
会計上は650万円マイナスになる

損益計算書（P／L）

売上（家賃収入）　1000万円
費用　▲200万円（管理費、固定資産税・都市計画税等）
　　　▲200万円（借入金利）
　　　▲1250万円（減価償却費）

損益　**▲650万円**

〈税効果（節税額）〉
650万円×50%＝325万円
※最高税率50%の場合

〈純収入（税引後の手取り収入）〉

税引前C／F　300万円
＋
税効果（節税額）　325万円

＞ **税引後C／F　625万円**

※土地にかかる金利は税効果の
対象となりませんので厳密には
数字が若干異なります。

税引前のキャッシュフローは３００万円となっています。

次に損益計算書をご覧ください。１０００万円の売上で諸経費が２００万円かかるところまでは同じです。元利金の返済のうち元金は経費になりませんので借入金利の２００万円だけが費用として計上されます。そして損益計算書には減価償却費というものが出てきます。

築23年の木造アパートの場合、建物価格５０００万円を4年間で減価償却することになりますので、1年間あたりの償却額は１２５０万円です（土地は減価償却できません）。これによって、会計上は差し引き６５０万円の赤字を計上することになります。

この**６５０万円の赤字を、法人はもとより個人でも他の所得と損益通算できるという点が何よりも大きなメリット**となります。例えば本業で２０００万円の所得の方の場合、この６５０万円の赤字（キャッシュフロー上は黒字！）を損益通算することで、会計上の黒字額は１３５０万円に減ります。その分、所得にかかる税金が安くなるというわけです。

税引後のキャッシュフローは税引前のキャッシュフローに税効果を合計した金額となります。税効果が加わることによって投資回収の速度が上がり、37ページのグラフで見た投資回収線が急激に右下に下がることになるのです。

そして、この赤字は減価償却がなくなるまでの期間、継続して計上することになります。

損益通算による所得圧縮のイメージ

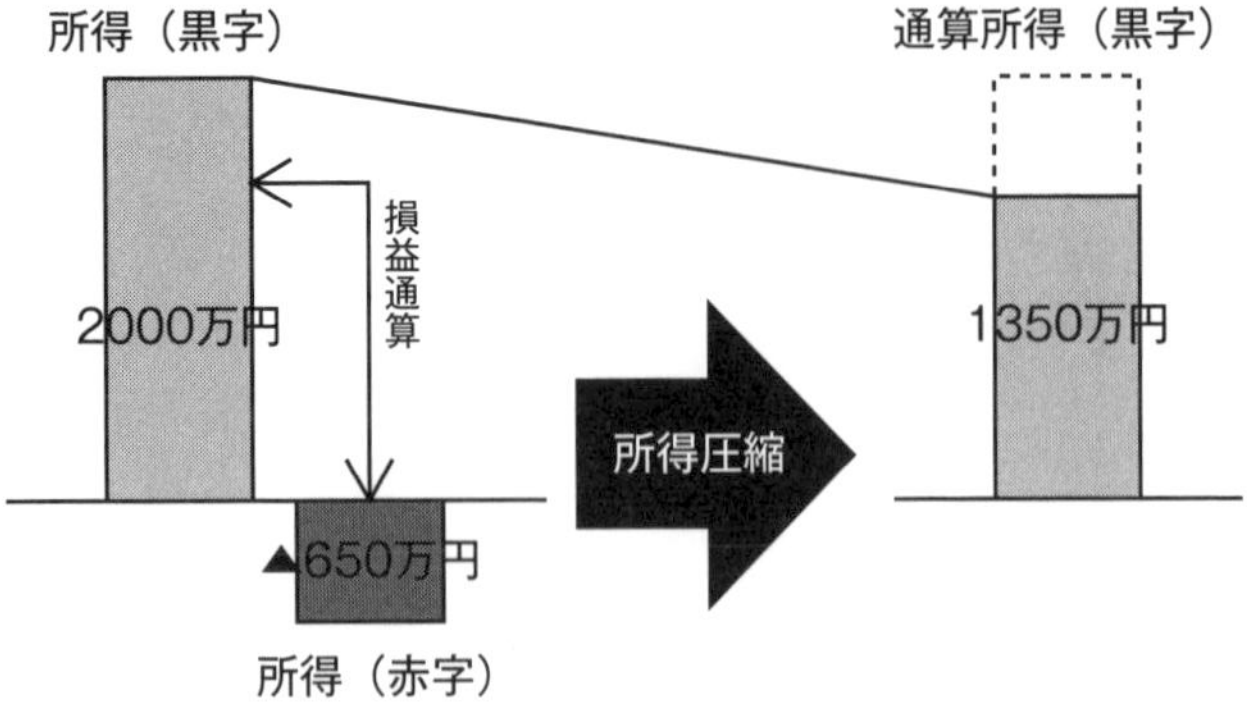

この物件の場合は、4年間にわたってキャッシュフローはプラスでありながら650万円の会計上の赤字を所得と損益通算し、節税できるのです。

個人でも法人でも使えるスキーム

先に紹介した物件を個人で取得すれば、最高税率の人であれば約50％（地方税含む。平成27年以降は55％）、つまり**650万円の半分の325万円近くが、その年の所得と通算され還付される**ことになります。

この還付額はその人の税率によって変わってきますので、高所得者、つまり**税率の高い人ほど有効**であるといえます。実際、私の会社のお客様では年収（役員報酬）が５０００万円を超える方も多くいらっしゃいますが、そのような方々にはこの手法は大変有効であると好評を得ています。

また、法人であれば、６５０万円分の税引前利益がゼロになるという効果があります。これは、本来払うべき税金（法人税）の６５０万円×40％（法人税の実効税率）＝２６０万円を、圧縮できていることになります。

つまり、**収益物件は、本業の利益にかかる法人税のコントロール装置として活用できる**のです。

これが収益物件を活用したフローの節税の概略となります。以降、より効果的に活用するためのポイントを解説していきます。

節税のカギは減価償却

このような仕組みが構築できるヒントは何度か述べてきた「減価償却」にあります。減価償却について詳しく知れば知るほど、税金をコントロールするタックスマネジメントが自在にできるようになりますので、オーナー社長の皆さんにはぜひこの制度の要点をしっかりと押さえていただきたいと思います。

私は税金の専門家ではないため専門的な解説は他書に譲りますが、減価償却とは、取得した資産に要する金額を、一定期間にわたって経費化していく手続きです。

減価償却の対象となる資産は様々ですが、償却資産の種類によって減価償却できる期間、国税庁の定める「法定耐用年数」は異なります。本書のテーマは収益物件の活用なので、ここでは建物を例に解説しますが、同じ建物であってもその構造に応じて償却する年数が決まっています。例えば、新築の鉄筋コンクリート造であれば法定耐用年数は47年、鉄骨造であれば34年、木造であれば22年です。

さらに、それらの資産を中古で買った場合には、購入時点での耐用年数の経過年数に応じて、取得後の償却年数が決まります。次ページで紹介している計算方法は「簡便法」と

建物の耐用年数

〈法定耐用年数〉

木造	22年
軽量鉄骨造	27年
鉄骨造	34年
鉄筋コンクリート造	47年※居住用

〈中古建物の耐用年数（簡便法）〉

① 築年数が法定耐用年数の一部を経過している場合

耐用年数＝（法定耐用年数－築年数）＋築年数×0.2

【木造：築10年】

（22年－10年）＋10年×0.2＝12年＋2年＝14年

② 築年数が法定耐用年数をすべて経過している場合

耐用年数＝法定耐用年数×0.2

【木造：築23年】

22年×0.2＝4年

いわれるもので、国税庁が中古の資産を償却するにあたって設けているルールです。このほかに「見積法」という方法もありますが、これは実際の使用可能年数に応じて償却年数を設定するもので、現実的には「簡便法」がわかりやすく実務上も多く使用されています。

年間の償却額の算出方法には、取得金額を単純に年数で割って償却していく「定額法」と、一定の率に則って償却していく「定率法」があります。先の例の建物の場合は定額法が適用されるので、5000万円を4年間で償却するときには単純に年間1250万円が減価償却費として毎年計上されるわけです。

この償却期間や定額・定率の区分は、我が国の税制に則ってルール化されています。本書で提言する減価償却による節税は、違法行為や脱法行為ではありません。あくまでも、このルールに則った形で税金をマネジメントすることです。このルールのポイントさえ理解していれば、減価償却はオーナー社長の資産を守る強力な「武器」となるのです。

キャッシュアウトせずに利益を圧縮できる

ひとつ、わかりやすい例を挙げて、減価償却による節税のごく基本的な考え方を説明しておきます。例えばある会社が、事業が好調で１０００万円の税引前利益を出したとします。

そのまま放っておくと、１０００万円に対して法人税がかかってきます。そこで、６００万円の新車を社用車として購入することにしました。新車の自動車であれば減価償却の期間は6年です。そして、儲かった年に買った６００万円の社用車の費用は、以降6年間をかけて、定額法であれば１００万円×6年として、将来にわたって経費計上していくのです。

このとき、年間の会社の利益は１０００万円から９００万円に減り、その分、法人税額も減ることはご理解いただけると思います。

車の購入費を払ったのは最初の年だけですから、以降5年間は、実際には支払いを行っていない（すでに儲かった年に払い済み）のに、経費（つまり赤字）として会計上は処理がなされるということです。

この減価償却が他の経費（人件費や原材料費）と異なる点は、実際にはキャッシュが出ていかないのに経費は計上できる点です。

ただ、600万円の社用車の場合は購入した際に全額か一部の自己資金をキャッシュアウトしています。

その点、**収益物件は全額を借り入れで取得することも可能なため、一切自己資金をキャッシュアウトせずに多額の費用を計上することができます。**

より具体的に収益物件の減価償却を見てみましょう。次ページの図をご覧ください。築23年の木造物件を、全額借り入れで取得したとします。建物は4年間で減価償却することになり、年間1250万円が減価償却費として経費計上されますが、この1250万円は実際にキャッシュとして出ていくものではありません。

また、この建物の償却は4年間で終わりますが、実際には4年以上にわたって建物は使用可能です。物件にもよりますが、きちんとメンテナンスされている建物は木造でも40年、50年と問題なく使えます。ただ税法に則れば、4年で償却できるのです。つまり、実際の**使用可能年数と減価償却年数との間にギャップがあり、償却年数に比べて使用可能年数が長い場合は、費用対効果が非常に高い**ということになります。

減価償却費の計算

木造アパート
築23年
物件価格１億円（土地5000万円：建物5000万円）
耐用年数＝22年×0.2＝4年

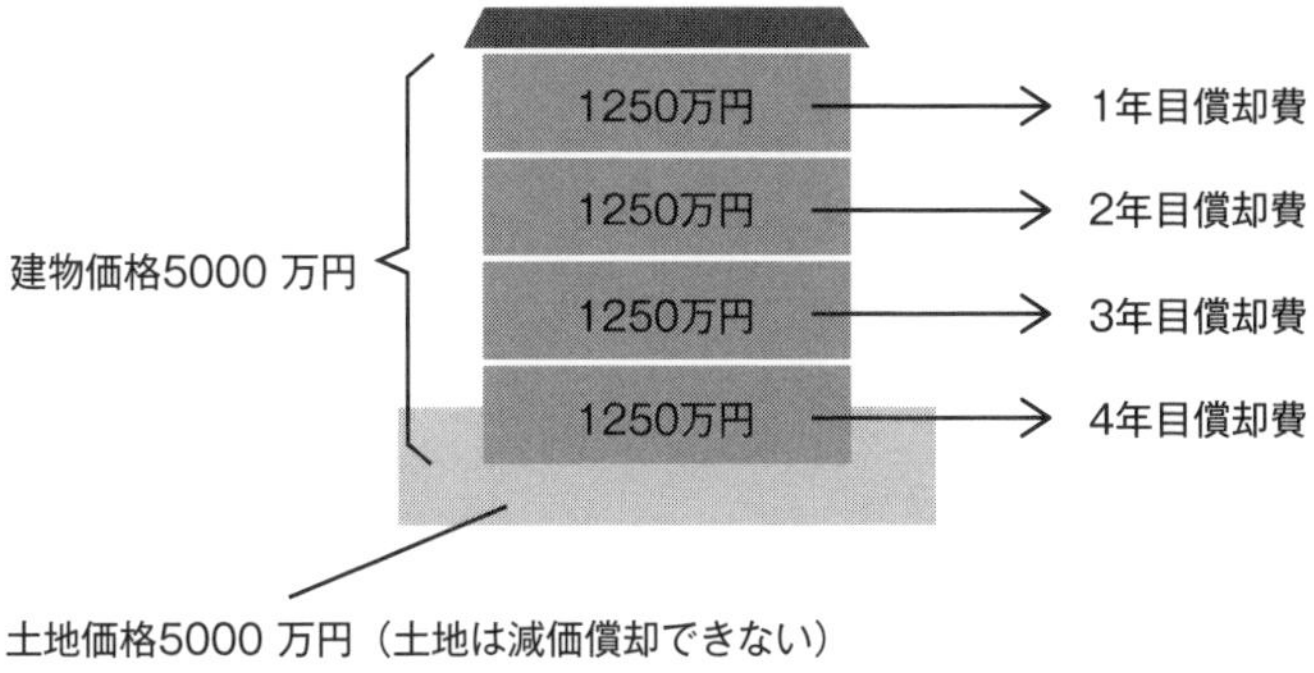

このように、減価償却は一定程度、自らの意思で経費の額や計上のタイミングをコントロールして税金のマネジメントに応用することができます。専門的には「タックスマネジメント」といいますが、**収益物件は、タックスマネジメントに最適のツール**なのです。

収益物件の損益は個人所得との通算も可能

収益物件の活用で節税効果が得られるのは、その活用によって生まれた利益および損失を他の所得と通算できるからです。しかも、**法人だけでなく個人所得とも通算できるという点が、他の金融商品などにはない収益物件の大きな利点**です。生命保険や、リース商品の一種であるオペレーティングリースは赤字を計上できますが、損益通算できるのは原則として法人で活用した場合のみです。

特に、購入後の数年間で多額の減価償却費を計上できる場合に、他の所得（具体的には役員報酬など）と損益通算することによって個人の所得税の大幅な節税が図れます。

例えば、4年後にリタイアが決まっているものの、それまでは所得が高い方がいらっ

個人所得との損益通算が可能

物件価格：1億円（建物価格5000万円）
賃料収入：年1000万円
築年数：23年

物件の損益

	1年目	2年目	3年目	4年目	5年目	6年目
賃料収入	1000万円	1000万円	1000万円	1000万円	1000万円	1000万円
諸経費	▲200万円	▲200万円	▲200万円	▲200万円	▲200万円	▲200万円
借入金利	▲200万円	▲200万円	▲200万円	▲200万円	▲200万円	▲200万円
減価償却費	▲1250万円	▲1250万円	▲1250万円	▲1250万円	0円	0円
損益	▲650万円	▲650万円	▲650万円	▲650万円	600万円	600万円

個人所得2000万円・4年後にリタイアする場合

	1年目	2年目	3年目	4年目	5年目	6年目
物件の損益	▲650万円	▲650万円	▲650万円	▲650万円	600万円	600万円
個人所得	2000万円	2000万円	2000万円	2000万円	0円	0円
損益通算後の所得	1350万円	1350万円	1350万円	1350万円	600万円	600万円

個人所得との通算で所得税額をコントロールできる

※利回り10%想定

しゃいます。そのような方は当面の4年間に減価償却を大きく取れる木造の物件を取得し、赤字を計上して所得を圧縮します。

5年目以降は減価償却が取れなくなり、賃料収入に対して税金がかかってきますが、リタイアして本業の所得が減るため全体としての税率は下がります。また、節税装置として使うだけなら、節税の効果がなくなった（減価償却を終えた）時点で売却してしまうという選択肢もあります。

このように、収益物件は、個人で取得して活用することで個人の所得税さえもコントロールできる非常に有効なツールなのです。

減価償却の金額は「大きく」期間は「短く」～狙い目は中古木造物件～

では、フローの節税においては、どのように減価償却を取るのが理想的なのでしょうか？

結論からいえば**金額は「大きく」、期間は「短く」減価償却が取れるほど効果的な節税が可能となります**。

例えば、毎年1億円の税引前利益が出ている会社が収益物件を保有して総額1億円の減価償却が可能なとき、「2500万円×4年」で償却するか、「250万円×40年」で償却するか、どちらが効果的かは自ずと明らかでしょう。

いうまでもなく、「2500万円×4年」です。なぜなら、短期間で多額の経費を計上し、その分の節税ができれば、浮いたお金を別の投資や本業の拡張などに自由に使えるからです。

また、減価償却費として赤字計上する1億円は4年で償却しても40年で償却しても同じとはいえ、税金額は異なってきます。なぜなら、日本の税制は累進課税で、利益が多ければ多いほど税率は上がるからです。そのため、4年間で2500万円ずつ「大きく」「短く」減価償却して一気に税引前利益を圧縮したほうが、結果として税金の総額を抑えることにもつながるのです。年間250万円の赤字ではさして税引前利益を抑えられず、節税効果も大きくありません。

累進課税を考えたとき、安定して多額の税引前利益が出ている取引主体（法人・個人）

であればあるほど、「大きく」「短く」が効果的になるのです。中古の収益物件においては、土地と建物の価格の合計での取引になりますので、その内訳が重要なのですが、こちらについては次項で詳述いたします。

減価償却というのは耐用年数に則って償却期間が決まりますが、物件によって４年で償却できるものから40年以上にわたって償却するものまで、まちまちです。

節税という観点から見ると、この年数が短ければ短いほど効果が高いといえます。できれば、１年で全額償却できるのが理想ですが、現実的にはそのような物件はありません。

現在の日本の税制においては、不動産の場合、木造の物件が最も法定耐用年数が短く、鉄筋コンクリート造の物件は長くなっています。最短で償却できるのは法定耐用年数のすべてを超過した木造の物件（築22年超の物件）で、４年間で償却ができるようになります。この観点から見ると、**中古の木造アパートが最も効率良く節税できる**ことになります。

次ページの図をご覧ください。ともに１億円で、土地・建物がそれぞれ５０００万円のＲＣ（鉄筋コンクリート）造の物件と木造の物件を比較してみます。

大きく違うのが耐用年数です。ＲＣ造の物件は残存耐用年数が28年になるのに対して、木造は４年となります。

そのため、同じ築年数でも単年度での減価償却金額が大きく異なり、ＲＣ造が１７８万

ＲＣ造と木造の減価償却費の違い

物件価格１億円（建物価格5000万円）
築23年

	ＲＣ造	木造
耐用年数	28年	4年
年間の減価償却費	▲178万円	▲1250万円
賃料収入	1000万円	1000万円
諸経費	▲200万円	▲200万円
借入金利	▲200万円	▲200万円
損益	422万円	▲650万円

同じ築23年でも、収益物件による損益に1072万円もの差が出る

円であるのに対して、木造の場合は1250万円にもなります。

ややや乱暴かもしれませんが、2つの物件の賃料収入や経費が同額だと仮定すると、税引前の利益はRC造の物件が622万円である一方、木造の物件では450万円もの赤字になります。減価償却期間が短くなることで、一気にこれだけ多額の節税が可能になります。

建物価格をできるだけ大きくして多額の減価償却費を計上する

減価償却を大きく取ることが節税において重要であると述べましたが、そのためには不動産価格に占める建物価格の割合を大きくすることが重要です。なぜなら**減価償却できるのは、不動産を構成する土地・建物のうち、建物だけ**だからです。

具体的には売り主との売買契約の際に、売買価格に占める建物価格の割合を大きく取ることでこれが可能となります。もっと率直にいえば、土地・建物の価格のうち建物価格を、評価証明や建物のリフォーム状況等を勘案して合理的な範囲でより大きく設定する、ということです。

収益物件の価格は売買時における土地と建物の総額で、売り主と買い主の間で合意して決まります。総額が同じであれば、**買い主にとっては、建物の金額を大きくしたほうが得であるということです。**

同じ1億円の物件でも、次ページのA（土地8000万円　建物2000万円）よりはB（土地2000万円　建物8000万円）としたほうが、6000万円多く償却できるので節税という観点からは得なのです。

ただし、売り主にとっては全く逆になります。なぜなら、土地には消費税がかかりませんが、建物にはかかるからです。

Aでは消費税は148万円ですが、Bでは消費税が592万円になるので、1億円で売却した場合の売り主の手取り額が、Aは9852万円、Bは9408万円と変わってしまうのです（土地割合が高いほうが売り主にとっては有利になる）。

ただ、個人の売り主（旧来の地主さんなど）の場合など、消費税を納める義務のない売り主（非課税業者）も多くいますので、そのような売り主にとってはこの内訳は関係ありません。

売り主は建物価格を少なくしたがる

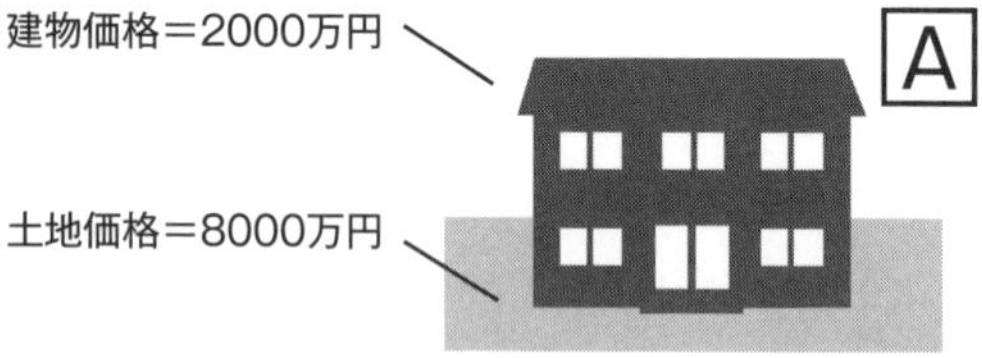

消費税＝148万円

売り主手取り＝1億円－148万円＝9852万円

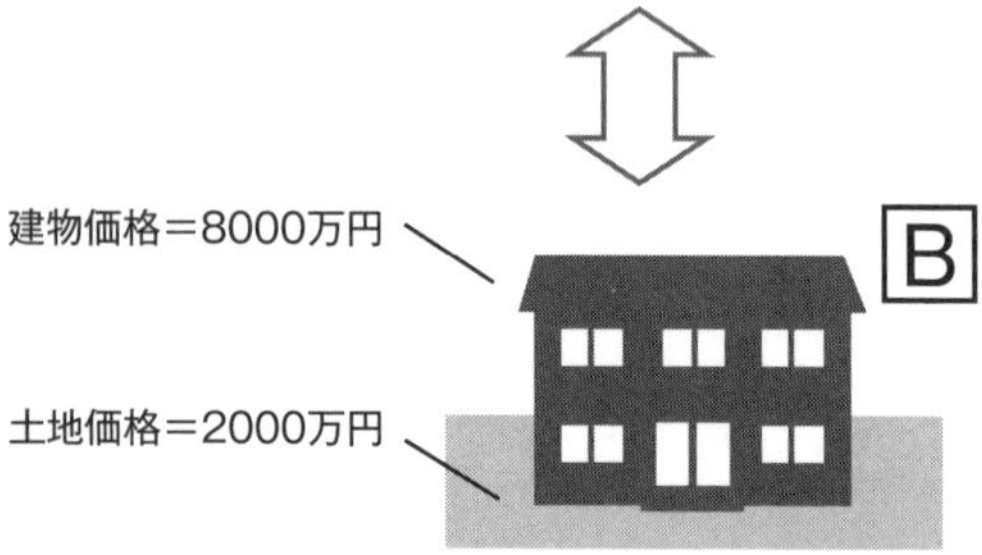

消費税＝592万円

売り主手取り＝1億円－592万円＝9408万円

<売り主にとっては消費税のかからないAのほうがいい>

売買価格と同様に、あくまでも売り主・買い主間の合意に基づいて土地と建物の価格割合は決定されます。そのため、必ずしも買い主に有利な条件を実現できるわけではありませんが、買い主の立場としては、このように建物価格を大きく取ることで節税効果が高くなるということは知っておくべきでしょう。

そして、**売買契約書に取引の総額だけではなく、土地と建物それぞれの金額をきちんと明記することが重要**です。売買契約書に金額が明記されれば、その金額が建物価格の根拠になるからです。これは税務調査時においても非常に大切ですので、必ず明記するようにしてください。

※注：極端な割合の金額設定は認められませんので、あくまでも「合理的な範囲」での設定にする必要があります。

建物本体と付属設備を分けて償却期間を短縮

建物価格を大きく取ることが節税にとって大きな効果があることを述べました。

その効果をさらに大きくするのが、建物本体と設備（給湯器やエレベータなど）に分けて償却をする方法です。

建物本体と分けることで、設備部分の償却期間を最短で3年まで「短く」できます。特にRC造の物件のように、建物本体の耐用年数が長い物件には有効です。

設備の割合としては建物全体の1～2割程度が一般的です。具体例として、建物価格1億円（うち設備価格2000万円）、築23年のRC造物件を見てみましょう。築23年の物件ですので、残りの減価償却期間は28年です。

本体と設備を分けない場合は、年間の減価償却は357万円となります。

一方、本体と設備を分けると、最初の3年間は約950万円もの償却費を取ることができます。

このように**建物本体と設備を分けることで、「大きく」「短く」の非常に大きな効果が得られます。**

ただし、このケースでは4年目以降の償却は建物本体の285万円となりますので、本体と設備を分けない場合よりも、4年目以降の税額は高くなります。

建物本体と付属設備を分けて償却する

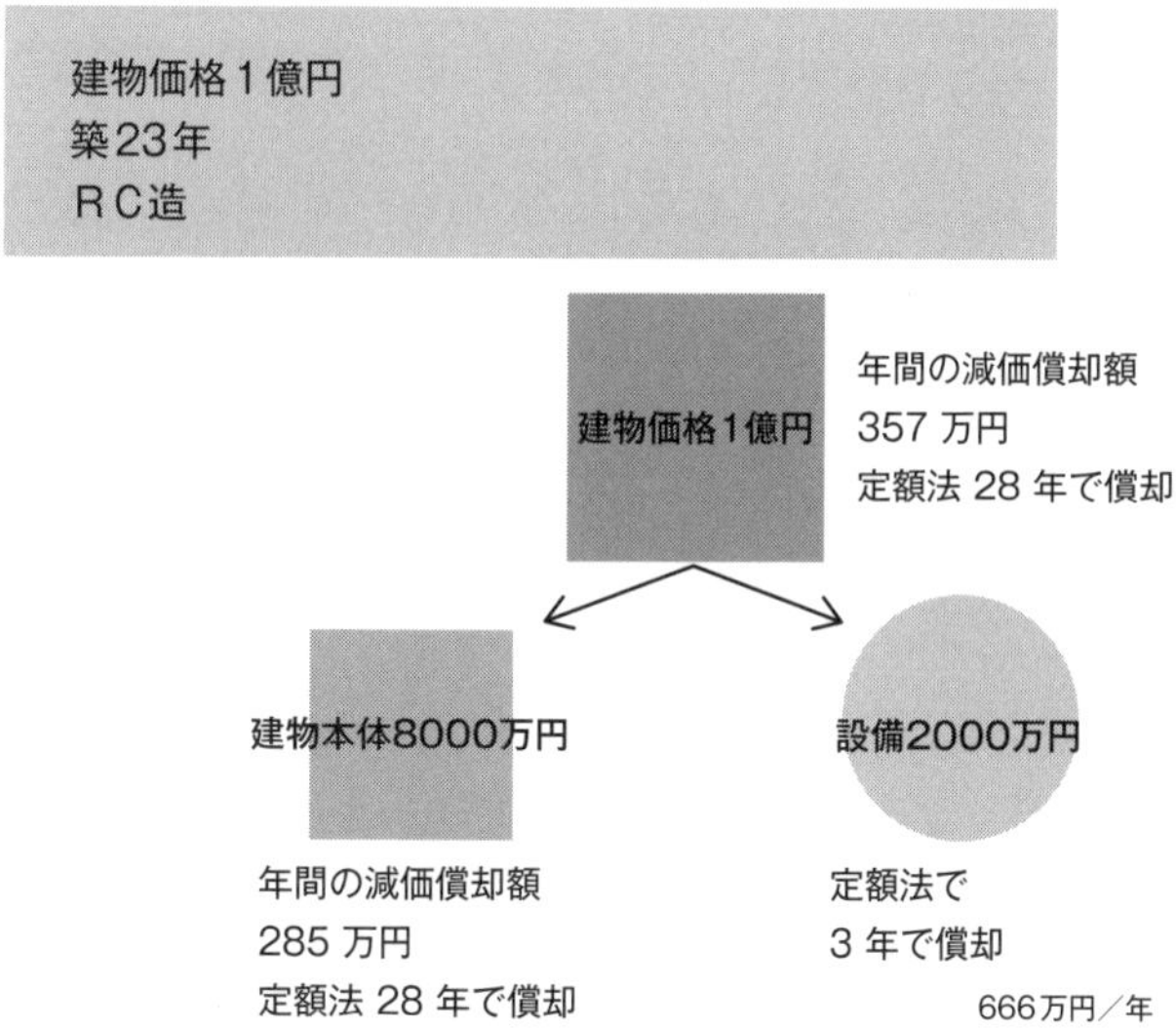

〈減価償却のシミュレーション〉 ※イメージ

	1年目	2年目	3年目	4年目	5年目
本体と設備を分けない場合	357万円	357万円	357万円	357万円	357万円
本体と設備を分ける場合	951万円	951万円	951万円	285万円	285万円

最初の３年間は本体と設備を分けたほうが短期に大きく減価償却できる

4年目以降は、本体の減価償却のみになる

売却時点で投資額を回収することが大前提

収益物件の活用においては、利益を最大化することが前提であることを繰り返し述べてきました。

それは、節税ツールとして活用する場合も同様です。節税装置として収益物件を取得する場合、取得時には数千万円から数億円というコストがかかります。全額借り入れで取得することは可能なので、手元にキャッシュを残しながら費用計上できることはここまで述べてきたとおりですが、最終的にその投資額を回収できなければ意味がありません。節税ができるのだから損をしてもいいという考えではいけません。1億円の損を出して1億円利益が減るのは当たり前です。

1億円の物件であれば、純収入と売却益で1億円を回収することが重要で、第1章で紹介した投資回収と物件価格によるシミュレーションで、確実な回収を目指す必要があります。7年間で2000万円の純収入を得たとしたら、最低でも8000万円で売却することが必要です。

2000万円（保有期間中の純収入）＋8000万円（売却価格）＝1億円

このような形で、この物件取得によって減価償却を取ることで節税し、さらには8000万円以上で売ることによって投資回収する利益の最大化を目指すのです。

税金の先送りと売却時期の調整で経営を安定させる（法人の場合）

減価償却による節税の効果について説明してきましたが、売却してしまえば、売却益（減価償却をした部分）に課税をされるので、結果的に税額は同じではないか、とお考えの方もいらっしゃると思います。また、償却期間が経過して以降は収益物件が生む利益に対して課税されるのでは、とも思われるでしょう。

たしかにそのとおりで、**減価償却による節税は、本質的には課税を先送りしているといえます**。ただ、重要なのは課税額を一時的に減らして先送りしていることの効果と、出口戦略を考えることです。

まず課税を先送りにすることで、オーナー社長には十分なメリットが生まれています。トータルでは納める税額は同じだとしても、先に節税をすることで手元にキャッシュを蓄えられるからです。

具体的な数字を出しながら解説しましょう。例えば皆さんが1000万円をもらえるとして、今すぐにでも使える1000万円と、5年後にしか使えない1000万円と、どちらが欲しいと考えるでしょうか。

同じ金額であれば、今すぐ使えるほうがいいと多くの人が思うはずです。今日の1000万円と5年後の1000万円は同じ価値ではなく、今日の1000万円のほうが価値が高いということです。

税金の支払いを先送りにすることで、この今すぐ使える1000万円が増えると考えればわかりやすいでしょうか。経営という観点からすれば、そのキャッシュを運用できることになりますので非常に効果が高いといえます。なぜなら、今日の1000万円で別の投資商品に投資することもできれば、本業の拡張資金に充てることもできるからです。5年後にしか1000万円が手元に入らないのであれば、同じことをしようとすれば金利を払って借り入れるか、手元資金を崩さなくてはなりません。

実際の収益物件の運用においては、「大きく」「短く」回収することで、先送りにした課税所得を赤字の年にぶつけて相殺する、あるいは別の物件を購入してそこでも「大きく」「短く」減価償却してさらに課税を先送りにするといった臨機応変な対策も立てられます。

さて、では売却時の利益にかかる税金は、どのように捉えればいいでしょうか。**収益物件の良い点は、この売却時期を任意に決められること**です。

会社経営においては、特需などによって単年度で大きな利益が出ることがあります。しかしその利益は毎年継続するものではありません。このような利益を、収益物件を取得し、減価償却を大きく取ることで繰り延べていく、というのがフローの節税でした。逆に、経営を続けていれば大きく赤字が出てしまうこともあるはずです。そんなときに物件を売却して、売却益を本業の赤字にぶつけることができれば、赤字幅を減らすことはもちろん、経営の危機を救う役割を果たします。

例えば、減価償却を利用して次ページの図のように4年間、3000万円ずつの利益を圧縮しその税金である1200万円を繰り延べてきたとします。そして、5年後に1億2000万円の本業赤字が出たとして、その年にこの物件を売却することができれば、トータル4800万円の節税ができたことになります。

このように、**収益物件の減価償却を活用することによって、税金をコントロールし、会社の経営の安定度を高めることができる**のです。

タックスマネジメントで安定経営

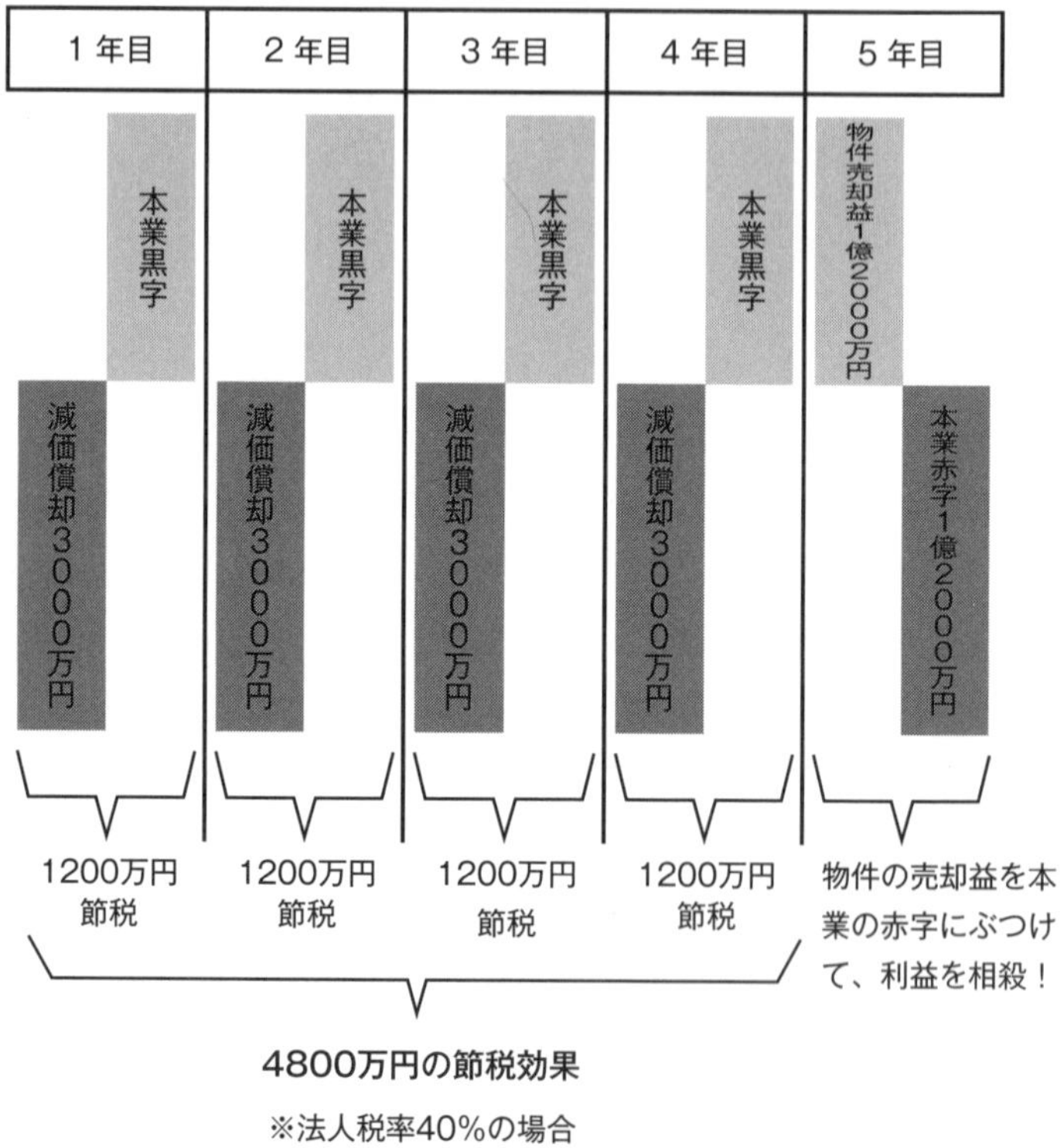
1年目
2年目
3年目
4年目
5年目
本業黒字
本業黒字
本業黒字
本業黒字
物件売却益1億2000万円
減価償却3000万円
減価償却3000万円
減価償却3000万円
減価償却3000万円
本業赤字1億2000万円
1200万円
節税
1200万円
節税
1200万円
節税
1200万円
節税
物件の売却益を本業の赤字にぶつけて、利益を相殺！
4800万円の節税効果
※法人税率40%の場合

生命保険やオペレーティングリースではこの売却（出口）が商品設計にあらかじめ組み込まれており、任意に設定することができません。しかし、収益物件であれば、取得から売却までの一連の活動のなかで、自分で戦略を立てられるのです。

保有時と売却時の税率のギャップで節税する（個人の場合）

法人でのタックスマネジメントを前項で説明しましたが、個人で収益物件を取得し、活用する場合においては、物件の保有期間にかかる税率と売却時にかかる税率にギャップがあるため、さらにメリットが得られます。

収益物件の保有期間における損益は、先述のとおり他の所得と通算されたうえで課税されます。オーナー社長のなかには年収が高く所得税の最高税率50％（地方税含む。平成27年からは課税所得4000万円超の場合55％にアップ）の方々が多数いらっしゃいます。

このような方々については、減価償却で赤字を計上した分、税率にすれば50％の節税効果があります（ただし、土地にかかる借入金が損益通算で認められないなどはありますが）。仮に収益物件の減価償却で５００万円の赤字が出れば、節税効果はその50％である２５０万円です。

一方、収益物件の売却時の税率は、他の所得とは切り離して課税される分離課税です。さらに、収益物件を5年超所有した後に売却する長期譲渡においては、税率が約20％（短期譲渡の場合は税率約39％）となるのです。つまり、保有時の税率と比較して、30％（平成27年からは最高税率が55％に上がるため、55－20で35％）ものギャップが生まれ、節税が可能となるのです（第7章でも詳述）。

毎年の利益に対して50％の税率で節税を続け、売却時の利益には50％ではなく20％の税率しかかからない。この日本の税制の仕組みを活用することで、税の先送りだけではなく、文字どおりの節税（減税）が実現し、利益を最大化することができます。

税率のギャップで節税

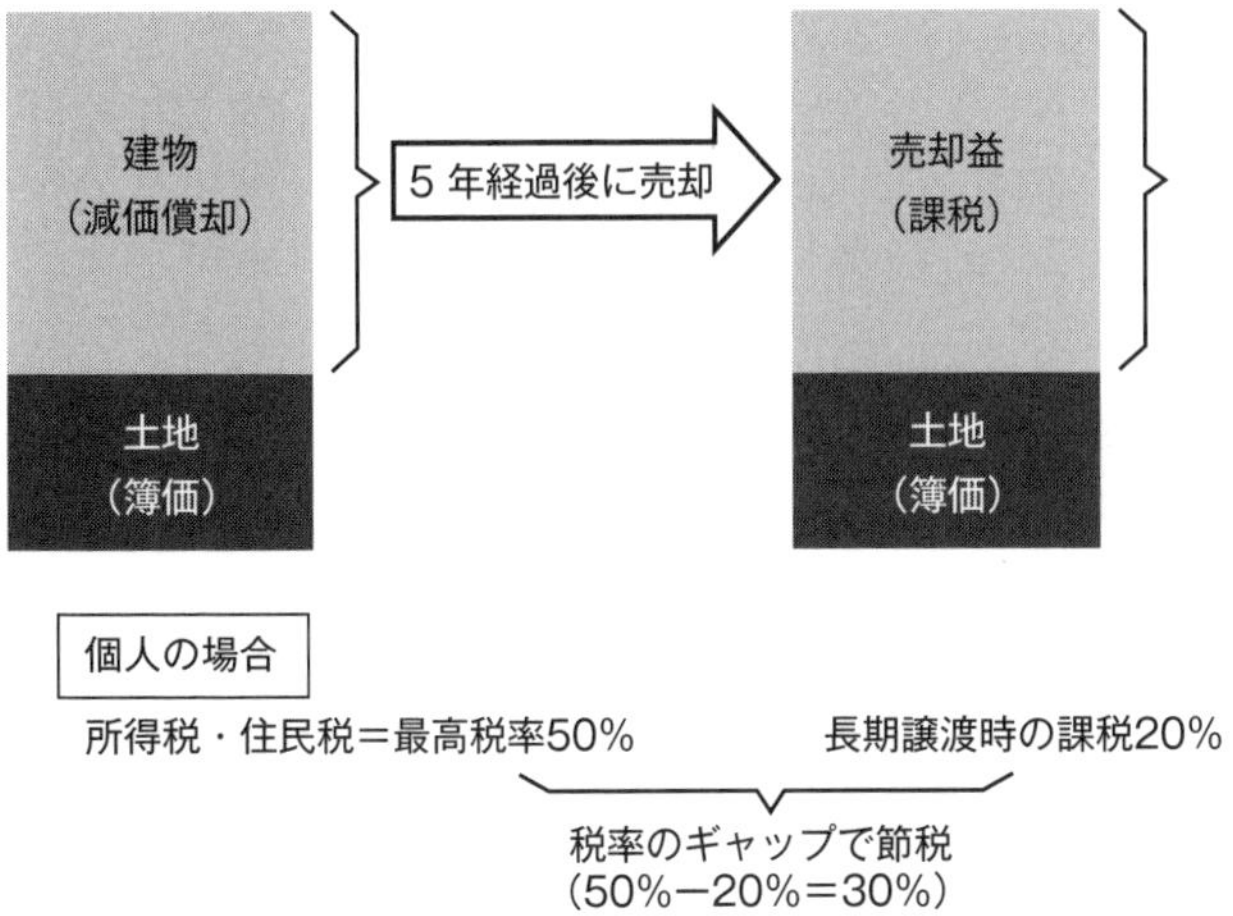
建物
（減価償却）
5 年経過後に売却
売却益
（課税）
土地
（簿価）
土地
（簿価）
個人の場合
所得税・住民税＝最高税率50％
長期譲渡時の課税20％
税率のギャップで節税
（50％－20％＝30％）

再度物件を取得して、さらに税金を先送り

節税装置としての収益物件活用における出口戦略でもうひとつ考えられるのは、さらに税金を先送りにしていくという選択肢です。

所有物件の減価償却が終わった時点で本業が赤字にもならないという状況であれば、追加で物件を取得することで、さらに数年間利益を先送りすることができます。木造物件であれば取得から4年経過後、つまり**減価償却が終わった段階で同じように短期で償却できる物件を再び取得する**のです。

この追加取得のタイミングでは1棟目の物件が利益を生んでいる状態ですので、追加取得分の費用はその利益と相殺されるため赤字幅は1棟目ほど大きくなりませんが、利益を出さない、もしくはできる限り抑えることは可能です。

次ページをご覧ください。1棟目の減価償却が終わる5年目以降、利益が600万円出てきます。このタイミングで同じ規模の物件を取得することで、利益が50万円の赤字にまで大幅に圧縮されます。これが追加取得による利益の先送りです。もう少し規模の大きい物件を取得すれば、この利益はさらに減らすことも可能です。

2棟目を購入してさらに税金を先送りする

〈1棟目購入〉
中古木造アパート
築23年
建物価格5000万円

	1年目	2年目	3年目	4年目	5年目	6年目	7年目	8年目
賃料収入	1000万円	1000万円	1000万円	1000万円	1000万円	1000万円	1000万円	1000万円
諸経費	▲200万円	▲200万円	▲200万円	▲200万円	▲200万円	▲200万円	▲200万円	▲200万円
借入金利	▲200万円	▲200万円	▲200万円	▲200万円	▲200万円	▲200万円	▲200万円	▲200万円
減価償却費	▲1250万円	▲1250万円	▲1250万円	▲1250万円	0円	0円	0円	0円
損益	▲650万円	▲650万円	▲650万円	▲650万円	600万円	600万円	600万円	600万円

〈2棟目購入〉
中古木造アパート
築23年
建物価格5000万円

	5年目	6年目	7年目	8年目
賃料収入	1000万円	1000万円	1000万円	1000万円
諸経費	▲200万円	▲200万円	▲200万円	▲200万円
借入金利	▲200万円	▲200万円	▲200万円	▲200万円
減価償却費	▲1250万円	▲1250万円	▲1250万円	▲1250万円
損益	▲650万円	▲650万円	▲650万円	▲650万円

	1年目	2年目	3年目	4年目	5年目	6年目	7年目	8年目
通算損益	▲650万円	▲650万円	▲650万円	▲650万円	▲50万円	▲50万円	▲50万円	▲50万円

2棟目を購入したことで、5年目以降の利益を圧縮。利益にかかる税金を先送り。

さらに9年目で3棟目取得ということも可能です。このように、物件の追加取得でどんどん利益を先送りしていき、いずれ赤字が出るなどのしかるべきタイミングで売却を図ることが可能であるということです。

ここでお伝えしたいのは、収益物件は1棟取得して終わりというものではないということです。自由に買ったり売ったりして、一連の活動のなかで戦略的に活用すべきツールなのです（ただし、業として不動産の売買を行う場合は宅建業の免許が必要になるので注意が必要です）。

生命保険、オペレーティングリースとの比較

フローの節税ツールとしての収益物件の活用法を説明してきました。ここでは、一般的に節税ツール言われている生命保険とオペレーティングリースとの比較を見ていきたいと思います。

一口に節税商品とまとめられることもありますが、それぞれに長所・短所があり、目的

に応じて使い分ける、もしくは併用することでオーナー社長の資産をより効率よく守ることができるということです。

【生命保険】

まず、生命保険ですが、節税効果の高い逓増定期保険は、言わずと知れた節税商品の王道として人気を博してきました。

しかし、平成31年に、このいわゆる節税保険の法人税法上の取り扱いについて国税庁から抜本的な見直しが公表され、生命保険各社は保険商品の販売自粛、もしくは停止を行うという事態が起きました。これ以降オーナー社長にとって、法人税の節税として生命保険を活用するのは難しくなっています。

よって、生命保険の活用法としては、本来の目的であるイザというときの保障の役割を期待することになります。掛け金以上に、イザというとき（お亡くなりになったとき）には保障を受けられます。これが収益物件やオペレーティングリースと比較したときのメリットです。

ただし、収益物件も団体信用生命保険を掛けることで、死亡保障の代わりにすることは可能なことは第2章で述べたとおりですので、ご参考いただければと思います。

逓増定期保険のイメージ

保険金額	1億円
年間保険料	1000万円

経過年	1	2	3	4	5	6	7	8
年齢	41	42	43	44	45	46	47	48
保険料累計	1000万円	2000万円	3000万円	4000万円	5000万円	6000万円	7000万円	8000万円
損金累計	500万円	1000万円	1500万円	2000万円	2500万円	3000万円	3500万円	4000万円
解約返戻金	0円	80万円	261万円	724万円	4800万円	5724万円	6601万円	7376万円
返戻率	0%	4%	8.7%	18.1%	96.0%	95.4%	94.3%	92.2%

⇑

このタイミングで解約し
返戻金を受け取る

【オペレーティングリース】

かつての生命保険と並んで代表的な節税商品に、匿名組合を利用したオペレーティングリースがあります。以前はレバレッジドリースといわれて、掛けた金額以上の償却が取れたのですが、現在は税制改正により掛けた金額までの償却金額となりました。それが名称変更の理由です。

こちらは、一般的には3000万円程度から投資できる商品です。減価償却を利用した節税の仕組みは、収益物件と同様と考えてください。航空機などを共同で購入し、購入金額を減価償却費として経費化することで節税（税の先送り）をします。

メリットは、一度で大きな金額を節税できることです。一般的には初年度に投資額の7～8割が損金として計上できます。

デメリットは、原則は借り入れができないこと、益出しのタイミングをコントロールできないことが挙げられます。オペレーティングリースの場合、投資の期間が商品ごとにあらかじめ決定されていますので、好きなときに現金化することができません。つまり資金が一定期間、固定化されてしまうわけですが、冒頭から述べているように経営環境の変化によって、いつ現金が必要になるかわからないオーナー社長にとっては、決して小さくないデメリットではないでしょうか。益出しのタイミングは通常10年ほど先です。比較的長

オペレーティングリースのイメージ

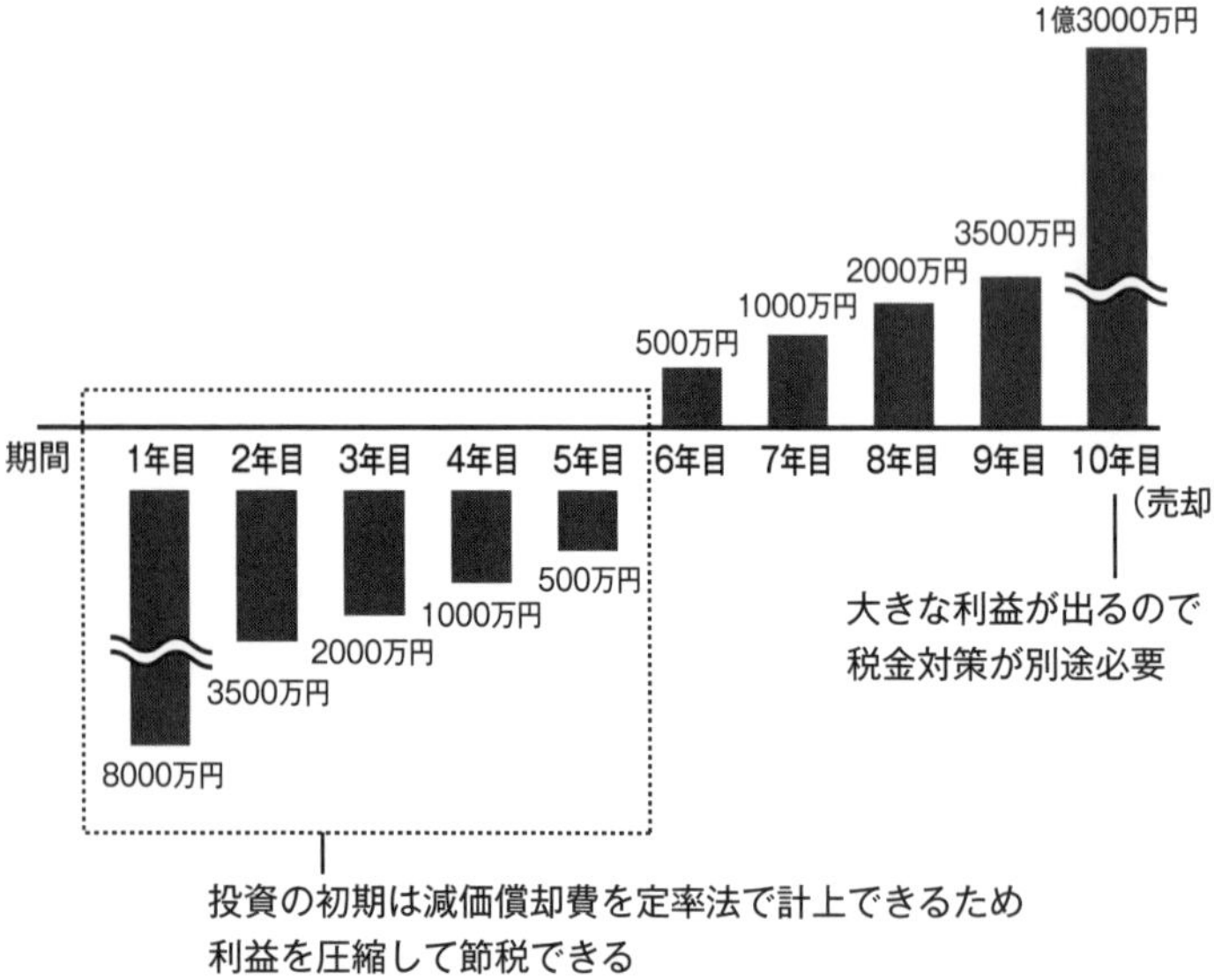

※損金への算入は出資額が限度となります。

い期間キャッシュが寝てしまい、益出しのタイミングで大きな利益が出るため、その後の調整が難しくなるのです。

その他、為替変動リスク、リース物件の全損リスクなどもあります。また、損益通算できるのは原則として法人の場合のみです。

【収益物件】

ここまでのおさらいになりますが、これらの節税商品と比較すると、収益物件は借り入れができること、つまりキャッシュアウトを伴わずに減価償却による経費計上ができることにメリットがあります。

また、益出しのタイミングも自由に設定できます。不動産の相場や保有期間、会社の経営状況を考えながら、自由に売却の時期を設定可能です。そうすることによって利益をコントロールすることができるのです。

さらに、法人のみならず個人においても所得と損益通算できるという点も忘れてはなりません。個人の所得と損益通算できるのは、収益物件ならではの利点です。

一方デメリットとしては、オペレーティングリースに比べれば、管理会社に任せるとしても管理運営に手間がかかるということや空室などにより賃料収入が一定ではないという点が挙げられます。また流動性も保険やリースと比較して落ちるといえます。

それぞれにメリット・デメリットがありますので、特徴をよく把握して併用するのがオーナー社長にとっては重要です。

収益物件と他の節税ツールとの比較

	所得との通算	借入の可否	益出し時期	期間中の収益	出口金額	手間
収益物件	法人·個人	可	自由	賃料収入	未確定	管理会社とのやりとり
オペレーティングリース	法人のみ	否	固定	リース代	ほぼ確定	なし
生命保険	節税ツールとして活用することは難しくなった					

〈収益物件の特徴〉

·法人·個人どちらでも損益通算可能

·借り入れが可能（キャッシュアウトせずに会計上の損を出せる）

·益出しの時期が自由に設定可能

·出口（売却時）の金額は未確定

·管理運営に手間がかかる（任せることは可能）

《ストック（相続税、株式）の節税》現金で所有するより4~5割も相続税が減額

次に、ストックの節税としての活用方法を紹介します。具体的にいえば、所有する資産の評価を下げるツールとして収益物件を活用するということです。

個人として活用すれば相続税の圧縮が可能となります。

また法人で活用すれば、株価（自社株）の評価減が可能となります。

なお、先述したとおり減価償却によって法人の利益を圧縮することで純資産価格が下がり、結果として株価を下げる効果がありますので、ここで紹介する時価と評価減のギャップを利用した節税方法と併用すれば大きく資産の評価を下げられることになります。

では、まず個人の相続税対策として資産の評価を下げる方法から説明します。

平成27年1月以降、相続税が増税されたことは本書の冒頭で述べたとおりです。基礎控除額が4割も減額され課税対象者が増えることになりますし、最高税率は50%から55%に引き上げられました。事業経営で資産を築いてきたオーナー社長にとっては、非常に頭の

痛い問題です。

しかし、この問題も収益物件を活用することである程度クリアすることができます。

収益物件を取得すれば、現金で所有する場合と比較して資産の評価額が下がります。ここでのポイントは、**あくまでも実際の価値が下がることではなく、評価が下がるということ**です。

不動産の評価は、国が定める資産の査定によって決まります。

現金1億円は、もちろん1億円の評価ですが、時価1億円の不動産（例えば収益物件）を買えば、多くのケースで評価は1億円を下回ります。場合によっては半分の評価になることさえあります。

この**評価の交換を利用するのが、収益物件による相続税の節税方法**です。

例えば個人で現金5億円の資産があるとして、この現金で5億円の収益物件を購入することで相続財産（この場合は5億円）の評価が2億5000万円などと下がり、課税対象額も下がります。

土地の路線価は、一般的に時価の7〜8割です。建物も同様ですので、単純に考えれば現金で持っているより相続税額も2〜3割少なくなります。現金を不動産に換えるだけで評価額が下がり、節税になるのです。

収益物件ではさらに、土地の上に建物が建っているため貸家建付地としての扱いになり、土地の評価が更地よりも大きく下がります。加えて、建物を入居者に賃貸しているため、建物の評価も下がります。現金を所有する場合と比較して4～5割も資産の評価が下がることになります。

現金で持っている場合と収益物件に換えた場合との評価の差が大きいほど節税効果が高いわけですが、特に都心部の物件は時価と評価額のギャップが大きく、相続税の節税には向いているといえます。

実際に私の会社で取り扱った事例として次ページの物件をご覧ください。

東京都心部にある時価3億円の収益物件です。この物件を買えば、現金3億円が不動産に換わるのですが、評価額は1億5０００万円でした。

つまり、3億円の現金をこの収益物件に換えるだけで、相続財産が1億5０００万円減額するのです。借り入れで取得しても効果は同じです。最高税率の人であれば、相続税は評価額の50％（平成27年以降は55％）ですから、節税額にすればおよそ7５００万円になります。

さらに収益物件のいいところは、借入金を賃料で支払うことができる点です。収益物件を取得する場合、ほとんどの人が借り入れを利用することになるでしょう。借入金が返済

時価と評価額の差を利用して資産を圧縮

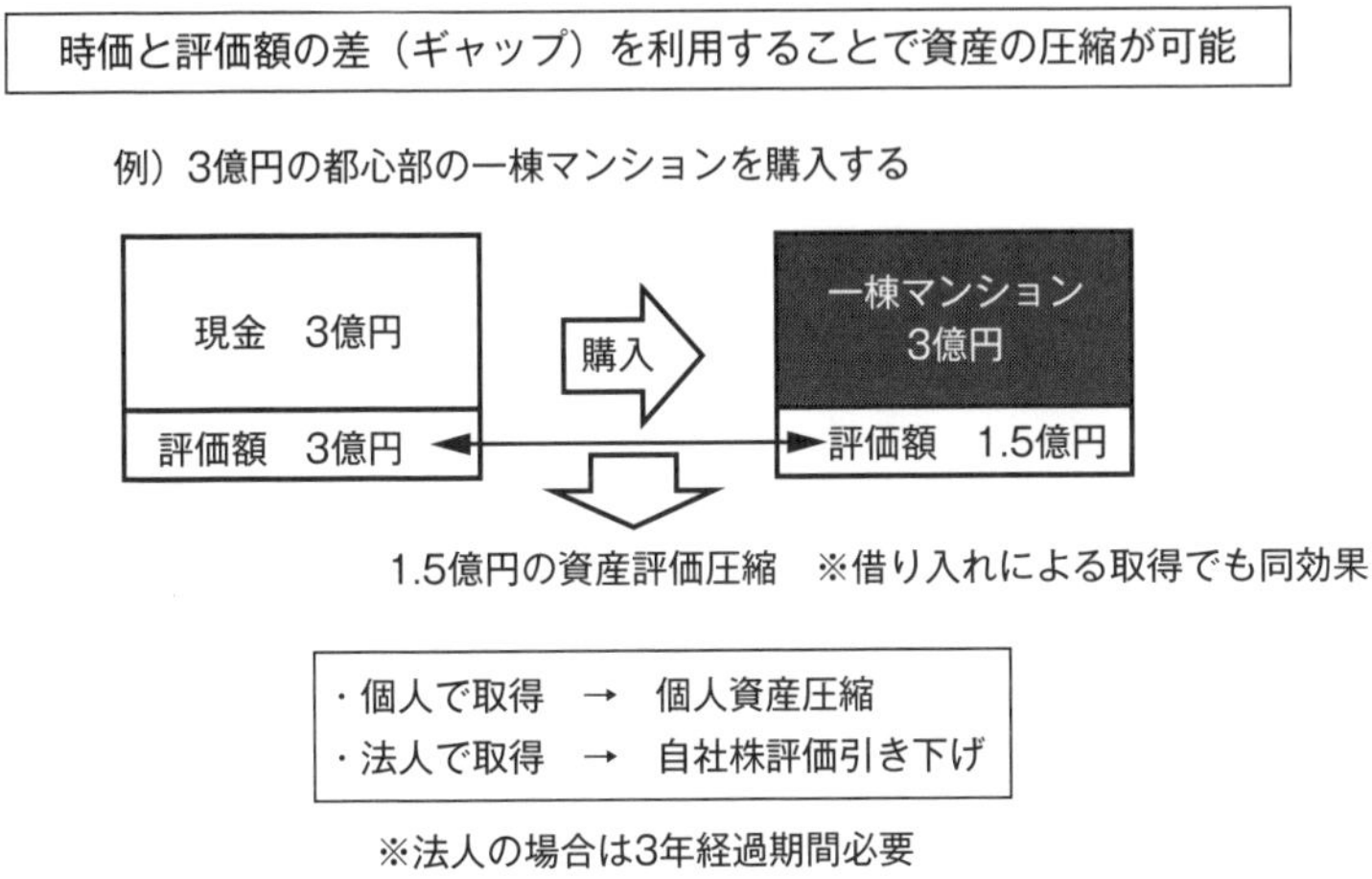

時価と評価額の差（ギャップ）を利用することで資産の圧縮が可能
例）3億円の都心部の一棟マンションを購入する
現金　3億円
評価額　3億円
購入
一棟マンション
3億円
評価額　1.5億円
1.5億円の資産評価圧縮　※借り入れによる取得でも同効果
・個人で取得　→　個人資産圧縮
・法人で取得　→　自社株評価引き下げ
※法人の場合は3年経過期間必要

できなければその財産は担保として押さえられてしまいますが、収益物件は賃料が入ってくるため、評価を下げながら資産を守ることができるのです。

なお、個人で取得すれば、取得した時点で相続財産をその固定資産税評価で評価されるため、相続の直前に収益物件を取得することで資産の評価減を図ることも可能です。

株式の相続税も減らして、事業承継も安心

収益物件の取得を法人で行えば、法人の財産の評価減を行うこともできます。法人の財産の評価減とはすなわち株式の評価を下げるということです。

オーナー社長にとっては、自社株も重要な資産であり、個人の相続財産のなかで大きな割合を占めているケースも少なくありません。

特に、高齢に達したオーナー社長は、事業承継という問題に直面します。事業承継における重要なポイントは株式の承継であり、いかに税金を抑えて後継者に株式を譲渡するかということは、会社の存続において非常に大きな問題です。オーナー社長にとっては自社

株の評価のコントロールも重要なのです。

そこで、法人で収益物件を取得することによって、時価と評価額のギャップが生まれます。この差額部分が自社株の評価減につながる仕組みは個人の資産圧縮と同じです。内部留保の3億円を使って先述の3億円の収益物件を取得することで、物件にもよりますが1億5000万円程度まで評価を下げられます。

加えて、減価償却費を計上できますから、それによって利益を減らし、株価を引き下げることも可能です。

ただし、気を付けなければいけないのは、**法人で取得した場合は取得後3年を経過しなければ、その評価は適用されない**という点です。個人の場合は取得したその日に評価減が発生し、節税が実現できましたが、法人の場合は3年間必要だということです。

目的に応じて取得主体を選択する

物件を個人で取得するか法人で取得するか、それとも家族名義で取得するかは、目的に応じて考える必要があります。

例えば長期で副収入を得たい場合は、税率の低い主体で取得するべきです。なぜなら不動産の所得は他の所得と合算されますので、例えば役員報酬などが高額の方は収益物件の副収入と合わせた全体の税率が高くなってしまいます。

副収入目的であれば、自分より収入の低い家族（例えば奥様など）の名義で物件を取得する、もしくは、個人の資産管理会社で取得するという方法が考えられます。法人税は引き下げの傾向にありますから、収益物件からの利益に対する課税を比較的少なくすることができるでしょう。

次に節税の目的の場合です。高額の役員報酬を得ている人が、個人の所得を節税したいとします。この場合は本人の個人名義で取得し、減価償却を多く取れる物件を活用して、節税を図ります。

また、経営している会社の利益を圧縮して節税したい場合は、その会社で取得することになります。

生命保険として利用する場合には、本人が取得し団体信用生命保険に加入する必要があります。

もちろん、法人と個人など名義を分散して複数の収益物件を保有することも可能です。A棟、B棟は節税用でC棟は長期の副収入狙いなど、複数の目的を組み合わせて活用することができますので、その際もそれぞれ取引主体を分けます。

いずれにせよ、**収益物件の活用を考える際は、「何を目的として」のものか、はっきりさせることが重要**といえます。

収益物件の活用方法と取得主体

収益物件の活用方法		取得主体
副収入		税率の低い主体 （家族や資産管理会社）
貯蓄		税率の低い主体 （家族や資産管理会社）
フローの節税	役員報酬の節税	個人（本人）
	会社の節税	対象法人
ストックの節税	相続税の節税	個人（本人）
	株価引き下げ	対象法人
生命保険		個人（本人）

コラム 3

タワーマンションの最上階を用いた節税方法

収益物件による節税方法について解説していますが、タワーマンションを使った節税も、有効な手段として近年注目を集めてきました。

不動産の財産評価は時価ではなく、固定資産税等の評価によります。このギャップを利用することで節税が図れるという点は全く同じです。

そのギャップが大きければ大きいほど節税効果があるのですが、タワーマンションの最上階を利用して非常に大きなギャップを取る手法が、多く採用されてきました。

高層階になればなるほど市場価格が高くなる一方で、固定資産税等の評価は、階数に関係なく施工単価×面積で算出されていました。つまり、1階でも50階でも基本的には同じ固定資産評価なのです。

ただ、これも税制の改正により、階数に応じて、つまりより時価に即した形になるように固定資産税評価を算出するようになりました。これにより、タワーマンションを用いた節税方法は、従来よりも効果が薄まったことになります。

こちらの節税手法を利用される方は、上記のように制度が変わっているということを頭に入れておいてください。他に、収益物件とは違って、タワーマンションは借り入れを利用して取得しても返済原資が確保されないという点にも注意する必要があります。もちろん貸せば賃料が入ってきてさらに評価も下がるのですが、利回りは通常のアパートなどの収益物件に比べて低くなるのが一般的です。

また物件によっては多額の管理費や修繕積立金が必要になりますので注意が必要です。

第4章

優良な収益物件を取得する方法

収益物件取得の成否を分ける不動産会社選び

ここまで収益物件活用の目的と具体的な仕組みについて解説してきました。本章では、投資額を回収できて、最終的に利益を最大化できる収益物件の具体的な選び方について述べていきます。

詳細は拙著『年収1000万円から始める「アパート事業」による資産形成入門』をお読みいただくことで理解が深まると思います。

収益物件を購入するには、親戚や知人から購入する以外は、基本的に不動産会社を通す必要があります。

そのため、**物件選びの前に不動産会社選びが第一のステップとして極めて重要**です。

不動産の世界は、一般の方にはわかりにくい世界です。世の中に2つとして同じ不動産はありません。また、金額が大きいためリスクも大きくなります。

良い不動産と出会うためには、良い不動産会社（担当者）と出会う必要があります。

不動産の知識を身に付けて物件を見る目を養うことも不可能ではありませんが、忙しいオーナー社長にとっては現実的ではないでしょう。

例えば裁判を闘うときには、自分で法律の知識を身に付けるのではなく、有能な弁護士を探すのが一般的です。また、自分で税金の知識を身に付けて決算を組むのではなく、有能な税理士や会計士に任せると思います。不動産も同様です。

物件よりもまずは不動産会社を見る

自分の考えをきちんと理解して、自分のために働いてくれるパートナーを見つけることが収益物件の活用においては近道になります。

オーナー社長は日ごろ人を使う立場にいるため、一般の人に比べて人を見る目があります。

インターネットなどでめぼしい不動産会社を見つけたら、自分で足を運び、面談をすることをおすすめします。そして、自分の納得する会社（担当者）に任せるべきです。専門知識だけではなく相性の問題もあります。誰に任せるかというところが収益物件活用には大きく関わってくるのです。

そこで、優良なパートナーとなる不動産会社を見極めるポイントを、3つにまとめました。

①地元の金融機関と取引があること

まず信用という点から考えるとその会社のある地元の金融機関と取引があることを確認する必要があるでしょう。

オーナー社長の多くがご存じのとおり、地元の地方銀行・信用金庫は信用で融資をしています。そのような金融機関から借り入れをしていて長期にわたって取引があるということは、一定の信用になります。特に金融機関引き受けの私募債を発行しているようであれば、信用度は高いと判断できます。

もし読者の皆さんが地元の金融機関と取引があれば、そのような不動産会社を紹介してもらうことも可能でしょう。

私は輸入中古車をよく買うのですが、ディーラーは地元の金融機関に紹介してもらって長くお付き合いをしています。輸入中古車という分野は、事故車を平気で売ったり、メーターを巻き戻したりと、ある意味ちょっと怖い部分のある業界です。そのような業界で取引をするためには信用が大切なので、地元の金融機関に紹介をしてもらったというわけです。不動産にも同じことがいえると思います。

②賃貸管理を行っていること

次に、賃貸管理を行っていることです。

物件の販売だけで、あとのことは知らない、などという会社と取引をしたいでしょうか？　中古車を販売するけれども、壊れた場合のメンテナンスはしないといっているのと同じことです。私も輸入中古車を買うときには、きちんとメンテナンスをしてくれるかという点をディーラー選びのポイントにしています。収益物件も似たところがあるのではないでしょうか。

逆にいえば、不動産会社側も管理まで引き受けることによって、販売に一定のハードルが課されるのです。自社で管理しきれないような物件は、売ることができないということです。

さらに、賃貸管理をただ行っているだけではなく、本気で行っていることが条件になります。本気で、というと抽象的かもしれませんが、目安としては、１０００戸以上の管理戸数がひとつの基準になります。それだけの戸数を事業として管理している会社は、本

優良な不動産会社のチェックポイント

- ☑ 地元金融機関との取引はあるか
- ☑ 10000戸以上の賃貸管理を行っているか
- ☑ 取引実績は豊富か（1000棟以上）
- ☑ 5年以上経営しているか

気だと判断していいのではないでしょうか。

③取引実績が豊富にあること

最後は取引実績が豊富にあるかどうかでしょう。収益物件の分野は特殊です。税務の知識、金融の知識、法律の知識、工事の知識など様々な専門的知識が要求されます。これらの専門的な知識・ノウハウを総動員することで有効な収益物件の活用につながるのです。

そしてこの知識・ノウハウは多くの取引経験によってしか身に付けることはできません。取引実績がそのまま知識・ノウハウとして提案に反映されてくるのです。目安として、収益物件の販売が1000棟以上あるかどうかを確認しましょう。

物件について「わからない」ことは大きなリスク

収益物件は高額な投資商品です。高額であればあるほど、そこには万が一のリスクが内在します。

なかでも最も大きなリスクは、物件について「わからない」ということから生まれます。例えば、反社会的な組織の関係者が入居していたり、そのような事務所が隣接していたり、過去に殺人事件があったり、入居者が架空のもので取得後大部分が一斉に退去してしまったり、とんでもない滞納者がいたり……という可能性があるのです。これらは過去に私の会社で管理を請け負った物件で実際にあった事例です。

こうしたことが「わからない」ままで買うことは怖いことです。たとえ購入前に想定利回りや返済計画などを緻密にシミュレーションしたとしても、「わからなかった」大きな盲点が原因となって、予定していた収支計画が根本から狂ってしまうこともあるからです。

中古の収益物件は、原則として購入する際に一部屋一部屋の中まで見ることができません。ですから、物件の入居者や周辺環境までしっかりと情報を持っている不動産会社から買う必要があるのです。

重要なのは、物件を紹介してくれる不動産会社と、その物件および売り主との関係です。

不動産会社と物件・売り主との関係を把握する

あなたに物件を紹介してくれる不動産会社が次ページの①のように、直接売り主から売却の依頼を受けている関係であれば、物件の詳細まで確認できる可能性が高くなります。

さらに**業者Aが管理まで請け負っている場合は、物件の内容をほぼ理解している**と考えていいでしょう。なぜなら、管理をしているということは、毎月の賃料回収から入居者の対応を行っているので滞納者や入居者の属性を把握できるからです。

逆に②、③の場合は注意が必要です。特に業者Aと業者Bの間に面識や取引関係がない③のような場合は、物件の情報が業者Bに伝わっていないケースが多いのです。なぜならAの立場は売り主がお客様であり、物件を売ることが目的になるので、都合の悪い情報は出さないことがあるからです。

リスクの小さい仲介業者の見極め方

〈物件の素性がわかりやすい〉

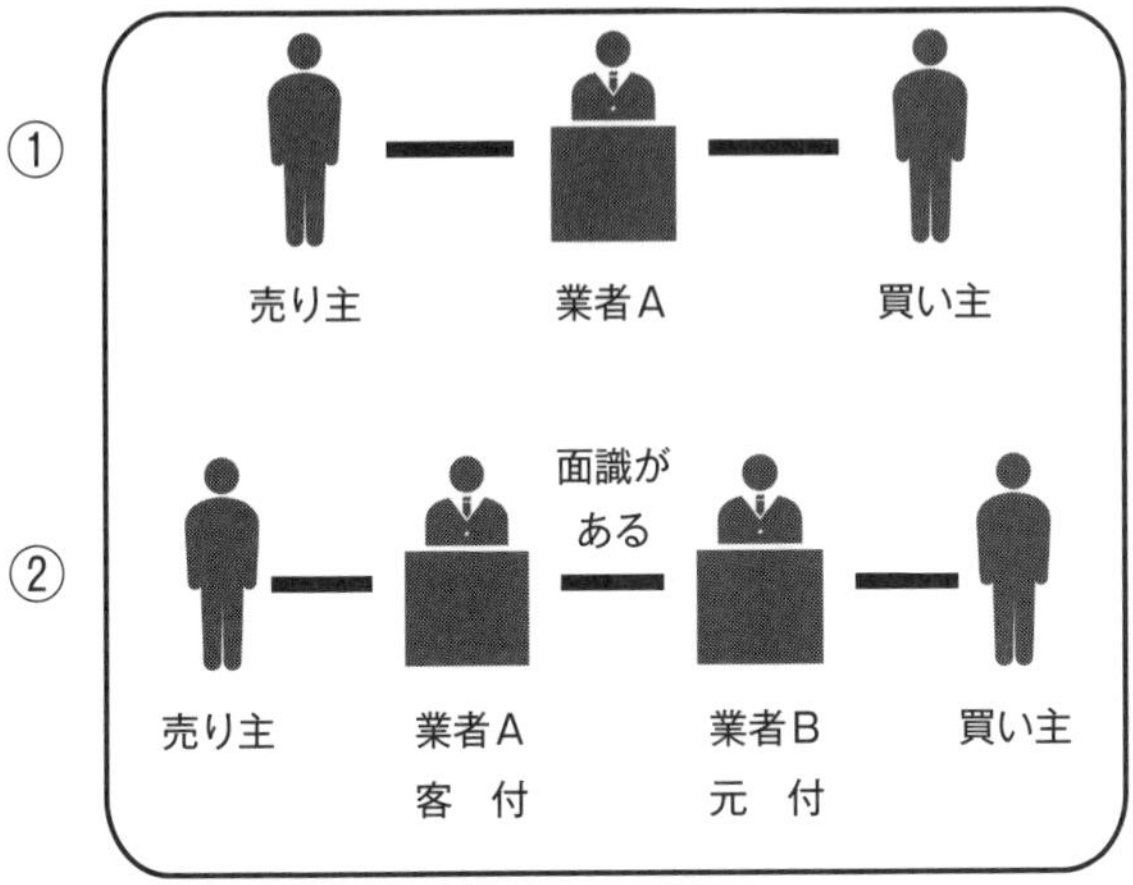

〈物件の素性がわからない〉

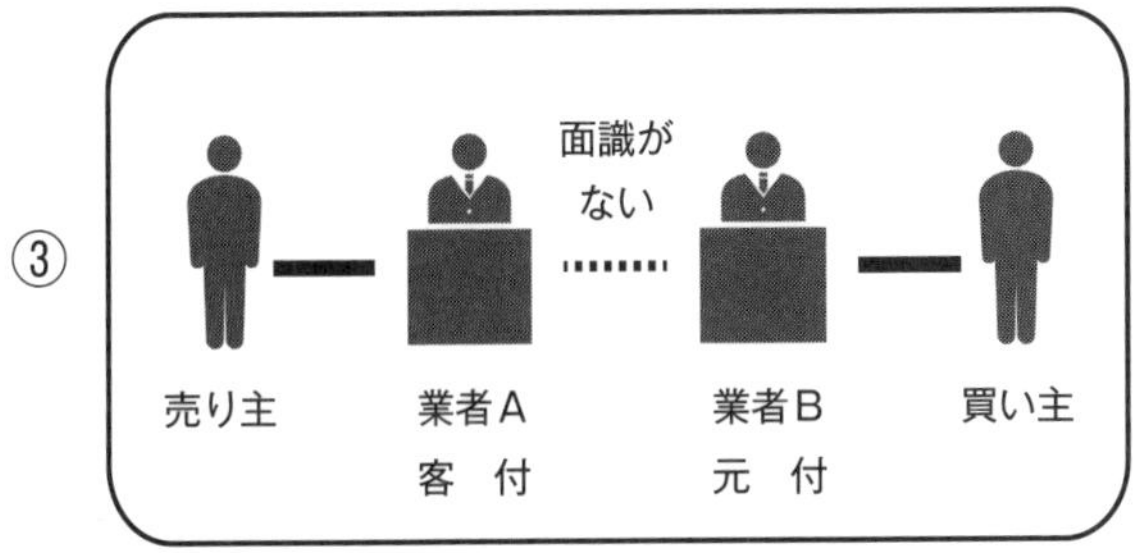

ですから、物件を紹介してくれる会社がどこまで物件のことを理解しているかが重要です。さらにいえば、業者が事実を知っていたとしても買い主に正直に伝えるかどうかは別の問題です。極論すれば、結局のところその会社（担当者）が信頼に値するかという点に行き着きます。繰り返しになりますが、物件選びは会社（人）選びなのです。

自分が住みたいかよりも利益が最大化できるかどうか

物件を選ぶにあたっては利益最大化という視点を外さないことが基本です。繰り返しになりますが、収益物件の活用における利益は次のとおりです。

利益＝【売却金額 － 取得金額 ＋ 収入 － 支出】

収益物件はあくまでもオーナー社長自身および会社を守るためのツールとして活用すべきものです。そのためには、このツールを用いて利益を最大化する必要があります。

一方で、収益物件は不動産です。不動産を買う際には、新しくてきれいなものが良いとか、おしゃれな建物が良いとか、港区にある物件が良いなどという買い主の主観的な評価も入るものです。

しかし、**収益物件は自分が住みたいかどうかよりも利益を最大化できるかどうかで判断するもの**です。このポイントを外してしまうと、成功する物件選びができなくなってしまいます。

自宅は極論すれば自己満足の世界ですから、いくらお金をかけて自分の好みの場所に好みの建物を建てても何の問題もありません。一方、不動産投資はあくまで採算です。例えば家賃5万円のアパートを対象としたときに、自分の感覚だけでは絶対に良し悪しはわかりません。自分から見ればボロボロに思えるようなアパートにも一定の需要があることが想像できないのです。

生活レベルに応じて人が求めるものは違います。年収1億円のオーナー社長と学生では生活環境が違うのです。自分が住みたいかどうかではなく、きちんと利益が出るかどうかという基準で物件を選ぶ必要があります。

物件の基本は大都市圏

私の会社は14年以上収益物件の活用をサポートしてきて、累計１４００棟以上の取引をしてきました。その経験からいわせていただければ、収益物件の運用は基本は首都圏、地方であれば人口１００万人以上（最低でも50万人以上）の大都市圏にするべきです。

なぜなら、**流動性の問題が大きい**からです。

不動産の流動性は、賃貸と売買の２つの視点から考えます。

以前は日本全体の人口が増えて、なおかつ物件も少なかったので賃貸物件において空室という問題はありませんでした。また、家を建てる人も多く、土地があればすぐに買い手がつく状況でした。

しかし、平成17年以降、日本は人口減少社会に突入しました。そのため相対的に物件が余る状態になり、賃貸物件の空室率は高まる傾向にあるのです。とはいっても一律に人口が減るわけではなく、人口がいまだに増えているエリアと急激な勢いで減っているエリアに二極化しています。

増えるエリアは、基本的に首都圏や北海道であれば札幌、九州では福岡のような大都市圏です。

収益物件の活用は賃貸・売買のニーズがなければ成り立ちません。人に貸して、最後は売る必要があります。

入居者がいるエリアか、物件を売りたいときに買いたい人がいるエリアか。10年以上の長期的な視点で考えたときに、人口が増え、あるいは大きく減少することなく、常にニーズがあるのは必然的に大都市圏ということになります。

首都圏以外であれば、できれば人口１００万人以上の大都市、最低でも50万人の中核都市などから選ぶべきでしょう。

ただし、東京に住んでいながら札幌の物件を買うなど、遠隔地に取得するのは不安です。地震などの都市災害が起こったときや隣家からもらい火をしたときなどに、オーナーが現場に急行できないからです。普段は、基本的にはオーナーが物件に行く必要はないのですが、万が一火事が起こったりする可能性もゼロではありません。

そういう意味から、よほど信頼できる管理会社が現地（居住地以外の地方）にある場合を除いて、物件は少なくとも車で行ける範囲に買うほうが万が一のときにすぐに見に行けるという点で精神的には安心でしょう。

複数棟所有でリスクを分散

収益物件の活用においては、物件を複数棟取得することが重要です。複数棟を前提とした資産のポートフォリオを構築するためです。

実際、金融資産においても分散投資という考え方が一般的です。ひとつの銘柄にすべてを投資するのではなく、バランスを考えて投資していく手法です。

不動産においても考え方は全く同じです。その根底にあるのはリスク管理であり、リスク分散です。

災害や事件・事故など、不動産には努力しても回避できないリスクが内在しています。それらのリスクがある以上、物件を複数所有して対応しなければなりません。

複数持つことで、万が一そのひとつに事件があったとしても、他の物件の賃料収入で補うことができるのです。

例えば、1棟で10億円の物件を取得するよりも、3億3000万円ずつを3棟に分けて取得するほうがリスクは低くなります。1億円で10棟取得すれば、さらにリスクは減ります。

収益物件のポートフォリオを構築するにあたっては、築年数、エリア、物件種類に焦点をあてて分散するとよいでしょう。

まず築年数による分散を行えば、その後発生する修繕のリスクに備えることができます。例えば古い物件ばかり所有していては、突発的な修繕が同時に発生した場合に、想定外の巨額な費用がかかってしまう可能性があります。場合によっては、物件の運営そのものができなくなってしまうこともあるでしょう。高い利回りを期待できるのが古い物件のメリットですが、修繕が同時期に集中してしまうリスクをカバーするために、比較的築浅の物件と併せてバランスよく所有することが大切です。

次にエリアによる分散です。ひとつのエリアに集中して物件を所有していると、地震などの災害や、そのエリアが依存する大規模工場や大学など大型施設の撤退、閉校などのリスクをすべての物件が負ってしまいます。例えば、その町の雇用を支える大規模工場が撤

リスクを軽減する収益物件のポートフォリオ

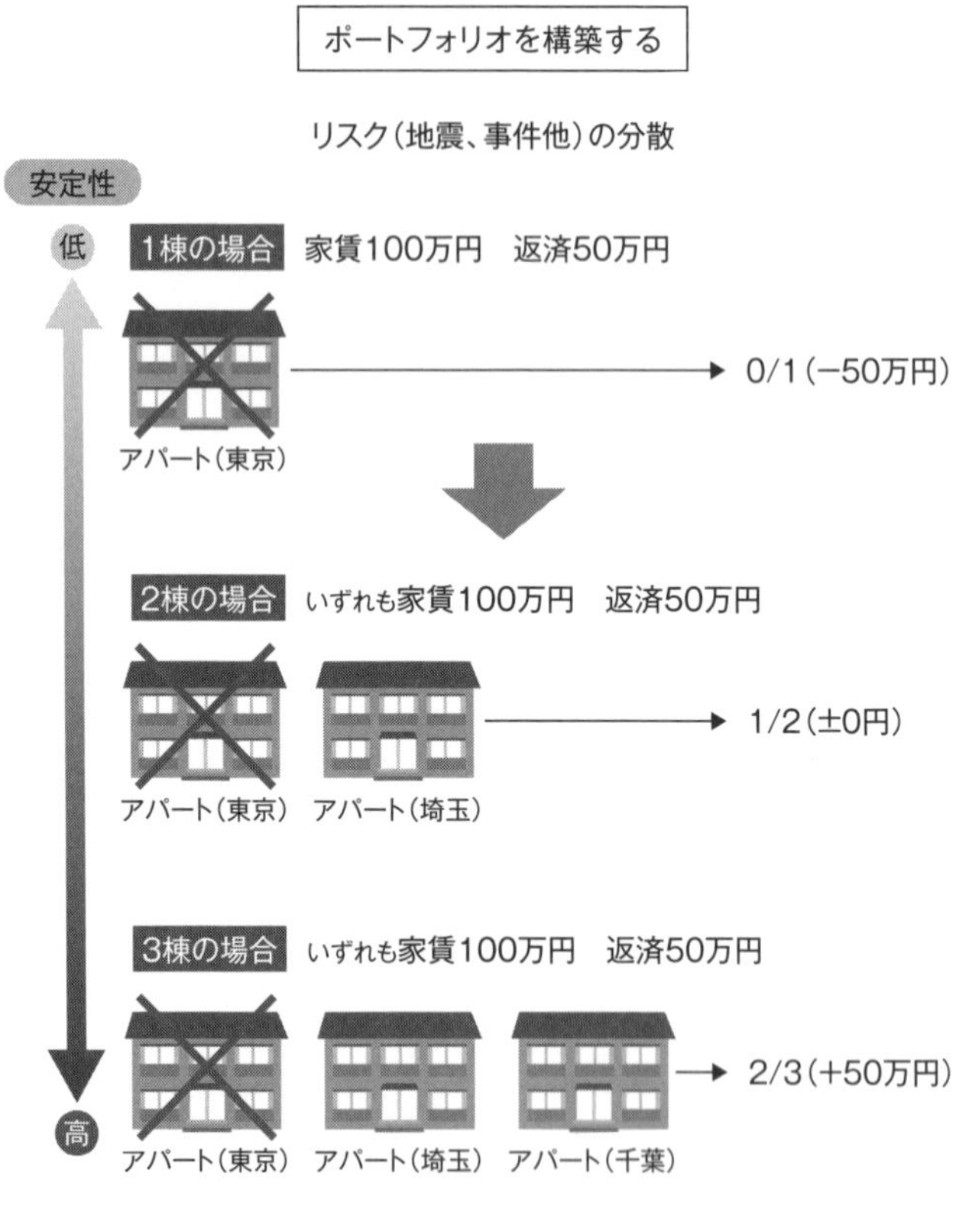

×…万が一、事件等により、家賃収納が途絶えてしまった場合

退した場合、そのエリア内に所有するすべての物件の空室率が高まってしまう可能性があります。

その半面、本当に良いエリアであれば、よりメリットを享受するために集中投資する戦略も取り得ますので、判断はケースバイケースとなります。

この他、物件種類によるリスクの分散が考えられます。事業用（事務所や店舗）の物件だけでは一般的にハイリスクです。安定的な収益源として、居住系を組み合わせる必要があるでしょう。

この点も繰り返し述べているように収益物件活用の目的と照らし合わせて考える必要があります。

目的別　物件選びのポイント

先述したように、収益物件活用の目的は大きく分けて４つです。以下、それぞれの目的別（節税はフローとストックに二分）に、最適な物件のタイプをお話ししていきます。

副収入としての活用

副収入としての活用であれば、利回りが高い物件が対象になります。利回りが高い物件は都心部には少ないので、必然的に都心部からの距離は遠くなります。また、築年数の浅い物件では高利回りは得にくいので、築年数の古い物件が対象となります。

古い物件は、当然空室のリスクも高くなりますが、空室リスクは管理運営を工夫することで回避できます。

また、税引き後のキャッシュフローという点からは減価償却を多く取れる物件を選ぶ必要があります。そのためには不動産の購入価格に占める建物比率（価格）を高める必要があり、売り手側との交渉が大切になります。

POINT

地方・高利回り・築古・建物価格を大きく（減価償却を有効に使うため）

貯蓄としての活用

副収入としての活用と並行して行えますが、イザというときに換金できることが条件になりますので、まずは物件の流動性が高いことが必要になります。流動性が高い物件イコール都心部にある（近い）物件になりますので、必然的に利回りは低くなります。

また、売却時に価格が下がらないということも重要です。そのためには賃料下落の少ない物件もしくは土地値の占める割合の大きい物件を選ぶ必要があります。

POINT　都心・土地値・賃料安定

団体信用生命保険としての活用

生命保険としての物件の活用は、基本的には他の活用法と併用されるものです。例えば、副収入を得ながら、イザというときの場合に団体信用生命保険にも入っておけば2つの効果が両立します。

この場合、物件選びというよりは団体信用生命保険を付けてくれる金融機関から融資を受けることがポイントになります。すべての金融機関で団体信用生命保険の対応をしているわけではないからです。

そして、金額としては通常ひとつの金融機関につき1億円が上限となりますが、いくつかの金融機関においては3億円まで団体信用生命保険を掛けることが可能です。

POINT

団信に対応している金融機関を選ぶ・3億円まで団信を掛けることも一考

節税（フロー）としての活用

フローの節税としての活用においては、減価償却を「大きく」「短く」取ることが唯一のポイントになります。

まず「大きく」という点に関しては、物件そのものというよりは、売り手側との交渉のなかで建物比率（価格）を大きくしてもらえるかということが問題になります。先述したように、自分だけで建物の価格を決められるわけではないからです。

原則的には、第三者（親族間やオーナー社長と社長個人間のような場合ではなく他人同士の取引）の売る側と買う側が合意した金額が、いわゆる市場価格となります（ただし合理的な範囲内での金額）。

次に、「短く」という点では、法定耐用年数を超えた木造や軽量鉄骨造のアパートが最適です。建物のなかでは最短の4年間（軽鉄の場合5年間）で全額償却することができます。

また、先述のとおりRC造の物件においては、本体の償却期間は長いものの、設備を分けることで購入当初の3年間は償却を大きく取ることができます。

ですから、建物価格を大きく取れるよう売り主と交渉するとともに、設備を本体と分けてくれるよう交渉する必要があります。この場合の設備の金額は、おおよそ建物金額の10～20％を目安にし、売買契約書に明記する必要があります。

POINT

建物価格を大きく（減価償却）・木造で築22年以上
RC造もしくは鉄骨造の場合は設備と本体を分ける

節税（ストック）としての活用

相続財産を減らすという目的なら、時価（市場価格）と評価額のギャップを大きく取れる物件を選ぶ必要があります。

時価とは市場で売買される価格であり、評価額は行政が定める路線価や固定資産税の評価額です。

一般的にこのギャップが大きいのは都心部の物件です。不動産の市場価格が高くなっている状況においては、特にギャップが大きくなります。

銀座の土地の売買価格が路線価の3、4倍になったというニュースを目にした方もいると思います。まさにその3倍、4倍こそがギャップであり、そうした不動産を買えば、相続財産の評価を3分の1、4分の1にも圧縮できるということです。

逆に地方都市の物件は時価と評価額の差が取りにくい、もしくは逆転してしまっているケースもあります。

POINT

時価と評価額の差が大きい（都心部の物件等）

コラム4

築古木造物件は出口戦略で売れるのか？

減価償却を目的として本書でおすすめしている築年数の古い中古木造物件ですが、そもそも売りたいときに売れるのか？　という質問がよくあります。

物件が古いため、買い手に金融機関が融資をしないのではないかという疑問です。もちろん物件にもよりますし、RC造の新しい物件に比べれば融資を受けにくいのも事実です。そのため、買える人は少なくなるのが現実です。

しかし、売れるか売れないかという点からいえば、結論としては売れます。

なぜなら、本書で紹介しているように節税目的で買う場合が多いので、高所得者の方には逆に4年で償却のできる古い物件を求めている人も大勢いるからです。

さらに、第5章で述べるように基本的に日本の金融機関は物件よりは属性（経営している会社の状況や資産背景など本人の信用）に重きを置いて融資をしているので、良い属性の人であれば物件が何であれ借り入れができるのです。

絶対数は多くないものの借り入れができる人はいますし、なかには現金（キャッシュ）で取得する人もいるくらいです。

ただし、同じ築古の木造物件でも、物件によって売りやすい・売りにくいという問題はあります。古くても売りやすい物件というのは、資産価値があり、かつ流動性の高い物件です。そして資産価値のある物件とは、何度も述べてきたように土地値のある物件ということになります。

第5章

低金利・長期ローンを実現する資金調達術

現在は史上最高の借り手市場

収益物件の活用においては、金融機関からの資金調達が欠かせません。借り入れができなければ収益物件の活用は実質的にはできないからです。

また、借り入れによって（全額自己資金を使わなくても）取り組めるというのが収益物件の活用の大きなメリットでもあります。

そこで本章では、資金調達面での方法をご説明いたします。

まず資金調達市場の現状を確認しておきましょう。

現在は、史上最高の資金調達環境といえます。最高の借り手市場ということです。日本国内に資金が余っていて、金融機関は貸出先がありません。

アベノミクスといわれていますが、中小企業の設備投資にまでは景気の上向きが反映されておらず、いわゆる金余りの状況となっているのです。

公定歩合は史上最低レベルを記録し、1％を切っています。10年物国債が1％以下で調達できるというのは歴史的に見ても、また世界を見渡しても、現在の日本とスイスだけではないでしょうか。

このような環境下において、金融機関は優良企業に対しては信じられないような条件で貸し出しを行っています。

オーナー社長が収益物件を取得する資金というのは、まさに金融機関の貸出先としては最適なのです。経営している会社の状況にもよりますが、利益が出ているオーナー社長であれば、おそらく金利1％台で借り入れができるはずです。私が把握しているなかで、最低の金利は0・7％（平成26年1月実行）でした。本業の運転資金としてではなく、収益物件の取得のための20年長期ローンでこのような条件が付くのは、まさに「異常」でしょう。

第2章では、実質利回りと借入金利の差（イールドギャップ）が利益になるというお話をしました。借入金の金利が1％台と極端に低くなっている現在はイールドギャップが大きくなりやすく、まさしく収益物件を活用するオーナー社長にとって最大の借り時といえるのです。

借り入れは金利・借入期間・借入割合の3点で考える

次に借り入れ条件の話をします。

オーナー社長であれば日ごろから金融機関から借り入れをしているケースが多いので、よくご存じだと思いますが、基本は会社が「つぶれないためにはどうするか」という視点ですべて判断すると思います。

収益物件の活用も、見方を変えればひとつの事業（私は「アパート事業」と呼んでいます）と捉えられます。

その観点で考えると、資金の借り方も明確になると思います。

収益物件活用における資金調達はできるだけ低金利で借入期間を長く、そしてできるだけ自己資金を使わないで借りることが基本です。

金利を低くすることは利益に直結しますし、3％よりは1％のほうがいいのは誰にでもわかります。

しかし、期間を長くすること、そして借入割合を高めることは金利を低くすることと同

借り入れのPOINT

金利 ＝ できるだけ **低く**

期間 ＝ できるだけ **長く**

割合 ＝ できるだけ **多く**

等かそれ以上に重要なのです。

借入期間を長くするのは、安定したキャッシュフローを得るためです。借入期間が短いとキャッシュフローは厳しくなります。なぜなら、毎月支払う元金と金利の合計が高くなるからです。場合によっては損益計算書上の利益が出ているのにキャッシュフローが回らず「倒産」という事態にもなりかねません。実際、リーマンショック後に倒産した上場不動産会社は、すべてキャッシュフローのマイナスによるものでした。

借入期間を長く取るということは経営上非常に重要であり、物件の利回りにもよりますが、できれば20年以上、最低でも15年は確保するべきです。

次に融資割合です。これも「つぶれないた

めには」という視点で考えればよくわかると思います。企業は赤字でもつぶれませんが、現金がなくなったときにはつぶれます。できるだけ手元流動性（つまり現金）を確保することが安定経営につながるのです。この現金は借りたものでも自己資金でも関係ありません。

この観点から、自己資金はできるだけ手元流動性として確保しておき、物件購入の資金は借り入れで賄うことで安定性が高まります。**できれば物件価格の全額（フルローン）を借り入れることが理想ですが、最低でも8割は借り入れで賄うべきでしょう。**そうでなければ、その物件は取得するべきではないといえます。

おすすめは変動金利か短期固定金利

借り入れ時に固定金利を選ぶべきか、変動金利にするべきかという問題ですが、収益物件は未来永劫持ち続けるものではありません。もちろん無理に途中で売る必要もありませんが、一定期間が過ぎたら売却して利益確定できますし、また売らざるを得ない事情が発生することもあります。私が知っているなかでは、離婚によって売らざるを得なくなってしまったという事例もありました。

現在の低金利から考えると金利上昇のリスクはあるのですが、**基本的には変動金利もしくは5年以内の短期固定金利を選ぶ**ことをおすすめします。これは金利上昇のリスクと、売ることで利益を確定できるのに売れないというリスクや、売らざるを得ないリスクのどちらを取るかという問題に直結します。

というのも、20年などの長期固定金利を組んだ場合、途中で売却する場合には、違約金がかかってしまうのです。私が経験した事例では、20年の固定期間中、取得から5年目で売却したときに、1000万円程度の違約金がかかったということがあります。

違約金は取得時の金利と売却時の金利、さらには借入期間（残存期間）などによって決まるので一概にいくらとはいえませんが、超長期の固定はリスクが高いのは事実でしょう。

地方銀行や信用金庫を利用する

では、どのような金融機関が収益物件の取得に対して融資をしてくれるのでしょうか。

結論からいえば、すべてです。もちろん収益物件の取得に対して積極的な金融機関もあれば、逆に消極的な金融機関もあります。

あまたある金融機関のなかでも、**オーナー社長が活用すべきなのは地域密着の金融機関**でしょう。具体的には地方銀行や信用金庫です。メガバンクも融資を行ってはいますが、細かい対応という点で考えると地銀、信金のほうが利用しやすいということです。

地域密着の金融機関は、中小企業を対象に融資を行っています。しかし先述のとおり中小企業の景気はバブル崩壊後一貫して悪く、設備投資が増えていません。つまり、地方銀行や信用金庫は貸出先を探しているという状況です。

私の会社では地元さいたま市の金融機関20機関から借り入れを行っていますが、すべて状況は同じです。

そして、ほとんどの金融機関で優良オーナー社長への収益物件取得資金を積極的に融資しているのが実情です。しかも非常に良い条件で融資しています。

もちろん融資条件は、オーナー社長の会社の経営状況や個人の資産背景によって変わります。先述した金利、期間、割合などの条件を、オーナー社長とその会社の属性、物件の両面から判断して、案件ごとに条件を個別に組み立てることになります。

なお、最近は不動産投資が一般的に認知され、市場が形成されてきたこともあり、一部の金融機関ではサラリーマンの方向けにアパートローンを住宅ローンのようにパッケージにして提供しています。

この商品の特徴は、貸し出し条件をある程度パッケージにして大量に資金を出しやすくしているところですが、一般の地方銀行や信用金庫に比べると金利は高くなります。

ちなみにアパートローンをパッケージにして展開している金融機関には、スルガ銀行やオリックス銀行などがあります。

金融機関は基本的に「人に貸す」

融資の審査において金融機関が見るのは、「借り主の属性」と「物件」の2つのポイントです。この2つを掛け算のように掛け合わせ、どちらかがダメ（0点）であれば融資は受けられません。

ただし、そのウエートにおいては明らかに個人の属性に重きを置かれます。逆に属性が良ければ、極端な話、物件が多少悪くても融資を受けられます。**日本の金融機関の姿勢として「物件に貸す」というよりは「人に貸す」という考え方が根強い**ということです。

では、どのような属性であれば借りられるのでしょうか。

オーナー社長に関しては、基本的にその経営している会社（個人事業主であればその事業）で利益が出ているかという点が最も重要なポイントです。つまり**金融機関は借り主の本業をチェックしている**ということになります。

本業が赤字で、その赤字を埋めるために収益物件を取得するということは基本的には認

金融機関の視点

借り主の属性評価　×　物件の担保評価

両方を見る
どちらかが0点なら融資不可

属性評価　＞　担保評価

評価の比重は「属性」のほうが高い

められません。

本業で利益が出ており、その節税のために収益物件を取得するということであれば喜んで貸してくれるでしょう。一にも二にも本業での経営状況が大切なのです。

なお、借り入れを必要としない会社のオーナー社長のなかには、役員報酬を多く取って会社自体を赤字にしている人もいらっしゃいます。この場合は、赤字だからといって融資を受けられないわけではありません。オーナー社長の役員報酬は「利益」として見られますので、会社が赤字でも融資を受けられます。

担保評価と借り入れの関係

続いて、物件の評価額と借り入れの関係についてお話しいたします。

先述のとおり、金融機関は【個人の属性×物件の評価】で融資を判断します。その判断においては個人の属性に重きを置かれるということを述べました。

とはいえ、物件は必ず評価をされます。その評価額が担保評価の額です。この担保評価が高ければ、金融機関も融資をしやすくなります。

なぜなら、融資したお金が万が一返済されない場合には、金融機関は担保不動産を競売などで処分して資金を回収することになるため、その回収資金が大きいほうがリスクが低いからです。

かといって、担保評価の金額の範囲でしか融資をしないということではありません。金融機関の担保評価では、一般的に市場価格よりもかなり厳しく見られるので低く評価されるのが通常です。

物件の担保評価を超える範囲の融資は、「信用」での貸し出しとなります。例えば、1

金融機関の信用と担保評価

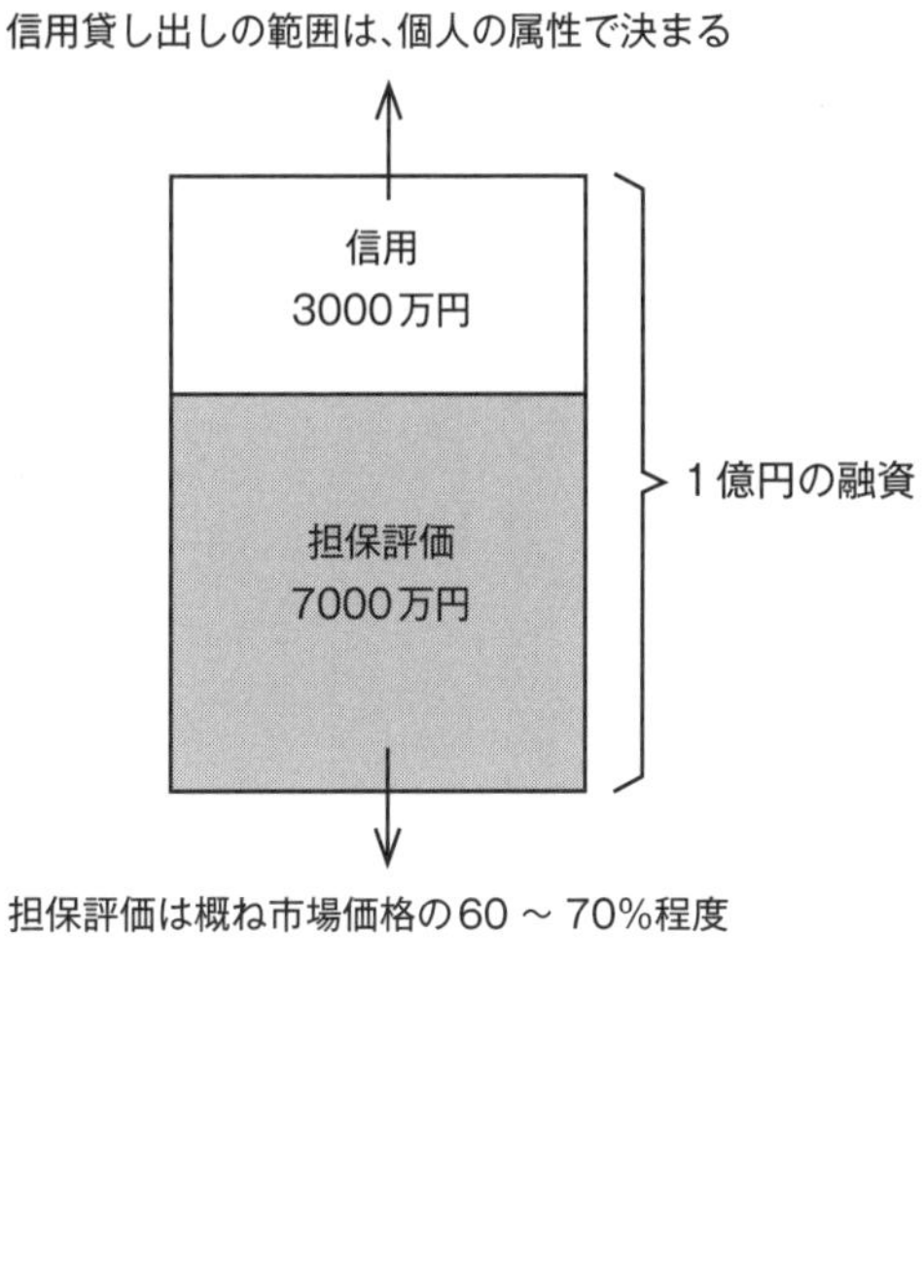

億円の物件を1億円の借り入れで取得します。金融機関の担保評価が7000万円だとすれば、その差額である3000万円は信用での貸し出しということになります。

先述のとおり、この信用での貸し出しをどれだけできるかというのは、その個人の属性によって変わってきます。

貸し出しの審査基準として、信用貸し出しをどれだけ出していいかはすべての金融機関で管理しています。

いくらまで借りられるか？

収益物件の活用は、金融機関からの借り入れができることが条件であると述べてきました。逆にいえば、**金融機関からいくら借りられるかによってどの程度の規模の収益物件を取得できるかが決まります。**

では、どの程度の借り入れができるのでしょうか？

結論からいえば一人ひとり属性によって異なります。

金融機関は個人の属性を重視するというお話をしました。もっといえば、属性によって融資可能な金額を設定しているのです。属性とは、主に経営している本業の経営状況によります。具体的には、売上だったり利益だったり内部留保だったりします。

コップを思い浮かべてみてください。コップの大きさがそれぞれ違い、水の入る量が違うように、借り入れのキャパシティはその方の属性によって異なるのです。

金融機関は、自社での貸し出しとその方が受けている他の金融機関も含めた全体の借り入れ（総体でいくらか）という2つの視点で見ています。

まず自社の貸し出しですが、信用金庫のような小さい金融機関だと、ひとりの相手先に対して総額いくらまでという基準を持っているところもあります。5億円とか10億円という基準です。そして、この相手先というのはオーナー社長の場合、個人と経営している会社との合算で見られます。オーナー社長と会社は一体（一相手先）として見られるのです。さらにいえば、配偶者や子どもといった家族も一体です。

また、自社では貸し出しをしていなくてもすでに他の金融機関からの借り入れが多く、これ以上の借り入れはできない（させられない）という判断をされる場合もあります。これは総体での借り入れが限度に来ているという状況です。

いずれにしても、借り入れの限度額はそのオーナー社長の属性によって異なるというこ

個人の属性と借り入れ限度

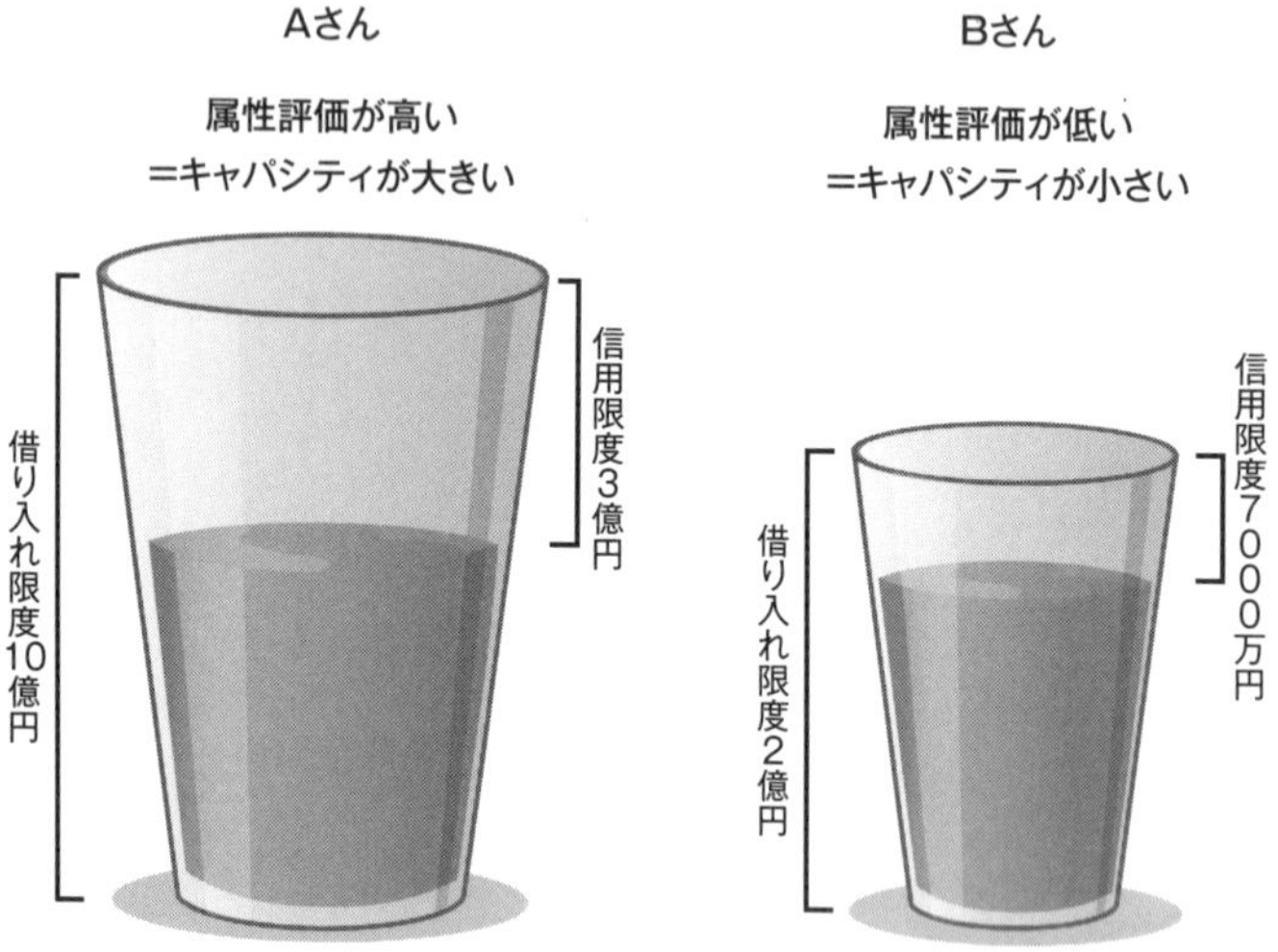

とです。

そして、一般的には金融機関は（貸し出しの）絶対額と信用枠の2つの基準で貸し出しを管理しています。

借り入れの絶対額とはいくら融資しているかです。5億円や10億円といった貸出金額（正確には残債）です。

もうひとつは前項で述べた信用額です。これは担保に取れていない部分の金額です。金融機関によって若干異なりますが、基本的には借り入れは絶対額と信用額の2つの基準で管理しています。

金融機関には必ず紹介で行く

では、金融機関へはどのようにアプローチするべきでしょうか。

すでに本業で金融機関と取引のあるオーナー社長は、その取引金融機関に持ち込むのが一番です。長年の取引関係があればそこには「信用」が築かれていますので、スムーズな融資につながるでしょう。

問題は、本業で金融機関との取引がない場合や取引金融機関が収益物件の融資に消極的な場合です。この場合は、収益物件の融資を受けるために新規の金融機関と取引をしなければなりません。

新規で金融機関と取引する良い方法は、しかるべき紹介を受けるということです。

オーナー社長であればよくご存じのとおり、初めての取引の場合はハードルが高くなります。金融機関は信用を最も大切にしますから、窓口に飛び込みで行って「融資をしてください」といってもなかなか取引につながらないのが実情です。

そこで、物件を取引した不動産会社から紹介をしてもらうのです。金融機関にとってもしかるべき不動産会社からの紹介であれば、スムーズに手続きをすることができます。また不動産会社も融資が付くことでスムーズに販売につながります。買い主であるあなたは、自分で金融機関を探す手間なく融資を受けられるということで三者にとって都合が良いのです。

私の会社でも基本的にはお取引いただいたお客様をすべて取引金融機関にご紹介し取引をしてきました。不動産会社の立場でいえば、金融機関を紹介することで物件が売れるだけではなく、取引先の金融機関に喜ばれ、自社の借り入れもしやすくなり、また次の取引にもつながるのです。

逆に金融機関への融資の紹介をしてくれない不動産会社は注意をしたほうがいいかもしれません。不動産会社選定の基準でもお話ししましたが、金融機関との信用関係が築けていない不動産会社は、その会社自体の信用が担保されないということです。

減価償却の赤字は融資の評価には関係ない

ここまで本書では減価償却を利用した利益の圧縮について説明してきました。

ところで、金融機関側がオーナー社長の会社や本人の「属性」を見るとき、減価償却による利益の圧縮もしくは赤字はどのように評価されるのでしょう。

結論からいえば、例えば減価償却が多くて会社の利益を圧縮している、あるいは赤字になっているといった状況でも心配はいりません。黒字幅が減ったり赤字になったりすることで、銀行からの融資が難しくなるのではと心配される人もいるかもしれませんが、その心配は無用です。

金融機関側は、会社の属性のなかでも「お金を稼ぐ力」を最重要視します。

減価償却費は支出を伴わない唯一の経費です。そのため、「利益＋減価償却費」で稼ぐ力を判断してくれます。

近年ではバランスシート、損益計算書に加えて「キャッシュフロー計算書」（ＣＦ）が経営上も重視されるようになってきました。このＣＦでも、「(税引前）利益＋減価償却費」がスタートの金額になっていますが、発想は同じで、減価償却費は支出を伴わない唯一の経費なので利益に足して計算するのです。

機械や車両、太陽光発電システム、さらには収益物件……これらの取得によって多額の減価償却費が計上されていても、それらはきちんと金融機関が見て評価してくれます。

コラム 5

連帯保証人は必要か

収益物件の借り入れに関しては、基本的には連帯保証人が必要になります。法人で取得すれば、代表者であるオーナー社長自身が連帯保証人になりますし、個人で取得した場合は、配偶者が連帯保証人になります。

ここで問題なのは、個人で取得した場合の配偶者の連帯保証です。なかには、奥様の同意を得られないというケースやオーナー社長自身が独身というケースもあるからです。基本的には、金融機関としては万が一の場合（死亡時）に相続人が必要になるということで、連帯保証人を求めてきます。

その場合には、団体信用生命保険を掛けることでクリアできるケースもありますので金融機関と交渉する必要があります。

また、個人で取得しなくても、法人（資産管理会社）を設立して自分が連帯保証人となることで、借り入れを可能にするケースもあります。

私の知る限り、過去に一例だけ団体信用生命保険もなしで、連帯保証人も付けずに地元の信用金庫から個人で借り入れができたケースがあります。ただし、このようなケースは例外でしょう。いずれにしても個別性が強いので、ケースバイケースでどのような方法が取れるのかを金融機関もしくは不動産会社に相談してみる必要があります。

特に、平成26年2月から金融庁が連帯保証人に対してのガイドラインを定め、原則として中小企業のオーナー社長の連帯保証人を外す方向に舵を切り始めました。

実際私の会社では、新規の自社の借り入れに関して（既存の借り入れはそのまま）ほとんどの金融機関で代表者である私の連帯保証人を外してきています。本書執筆時点ではその運用の成果はまだ出ていませんので今後注視していく必要があると思います。

第6章

管理会社を活用して収益物件の利益を最大化する

手間をかけずに管理会社を活用する

収益物件の活用がオーナー社長に向いている理由、そのひとつは人に任せられるからです。

自分では一切作業をする必要はありません。

まして、その任せる相手も管理会社、つまり外注先であり、自分で人を雇う必要がないのです。

会社経営者にとって最大の問題は人です。この人も必要ないのが収益物件の活用です。副業で何か事業をやろうと思えば、時間はかかるし、人を雇う必要があります。例えば、飲食店をやろうとすれば、それなりの準備に時間を要し、店長はじめスタッフを採用して教育しなければなりません。また食品衛生責任者など、有資格者を雇う必要も出てきます。時間もかからず、人の問題もない。これはまさにオーナー社長にとって最高の手法ではないでしょうか。

人に任せる際に重要なのは、自分の意に沿って動いてくれる管理会社、つまり信頼の置

けるパートナーをいかに見つけるかです。

物件の管理は、物件を買った先の不動産会社が兼ねる場合もあれば、別の会社に独自に頼むこともできます。

いずれにしても収益物件の活用においては、管理会社に委託できることが忙しいオーナー社長にとって大きなメリットであることは間違いありません。

管理会社にすべてを任せる

ではなぜ、管理会社（担当者）の選定がそれほど大事になってくるのでしょう。

すでに述べてきたことですが、現在は人口減少社会に入り、収益物件の空室率は年々増加の傾向にあります。そのため、やむを得ぬ理由を除いて、入居者の退室をなるべく少なくする日々の管理体制（トラブルへの迅速な手配など）がとても重要です。

そして、退室が生じた際には、迅速に次の入居者を見つけ、空室期間をできるだけ少なくする必要があります。

今後のアパート経営は管理の仕方で成否が分かれることが確実です。ですから管理会社の良し悪しが収益物件の活用に大きく関わってくるのです。

優れた管理会社であれば、修繕計画にオーナーの節税プランを組み合わせ、最適な修繕の内容や時期を提案してくれたりもします。

つまり、収益物件の管理会社は、忙しいオーナー社長の代理として利益最大化に貢献してくれる大切なパートナーなのです。

既存管理会社の問題点(不動産業界の問題点)

不動産業界は良くも悪くもいわゆる「世の中から遅れた業界」です。

変化してきているとはいえ、いまだに電話やFAXが通信手段の主役であり、メール(図面のPDFファイルなど)でのやり取りは一般化されていなかったりします。

不動産業界は、古い体質を引きずっているところがあるのです。

その理由は、物件のオーナーのためではなく、管理会社の利益のために業務が行われているという点にあります。

その最たる事例が、入居者獲得における問題点です。

賃貸アパート・マンションの世界においては、戦後一貫して人口が増えていったため住宅不足が続き、アパートオーナー（いわゆる地主）や管理会社からすれば「部屋を貸してやる」という強気の対応が長らく続きました。

そのため、管理会社が自社で仲介店舗を持ち入居者を募るという体制が一般的になりました。

これが現在でも広く行われているところが問題なのです。

詳細は拙著『「利益最大化」を実現するアパート経営の方程式』をご覧いただくとして、ここでは概要のみ説明いたします。

オーナーやその代理である管理会社は、空室という「商品」をどのような形で販売すればいいかを考え行動する、いわばメーカーとしての立場です。

家電メーカーである東芝やソニーは、自社商品がどこのお店（小売店）で売れても、もしくはネットで売れても、とにかく売れればいいという立場です。

一方、不動産の仲介会社（店舗）は、実際に商品を消費者に販売する立場です。いわば小売店であり、ビックカメラやヤマダ電機のような立場です。

この2つの立場を同時に持ってしまっていることに、大きな問題があります。私はこれを「一体型」の管理会社と呼んでいます。メーカーである東芝が小売店「東芝ショップ」を自社でつくって、そこでのみ販売している状況です。絶対にあり得ないことなのですが、実際に行われているのが不動産業界の実情です。

これでは空室は売れません。埋まらないのです。

仲介手数料を得たいがために、自社店舗で売ることが目的になってしまって販売の間口が狭くなってしまいます。

後述するように、空室の多い現在においては、自社で店舗を設けて売るのではなく、できるだけ多くの販売店にお願いをして、もちろん手数料も払ったうえで、空室を売ってもらう必要があります。

収益物件の活用において利益を最大化していくことを考えれば、このメーカーと小売店の役割をきちんと理解し、分けて考える管理会社に委託する必要があります。

では、具体的にどのような観点で管理会社を探せばいいか、次項で見ていきたいと思います。

「一体型」と「プロパティマネジメント型」の違い

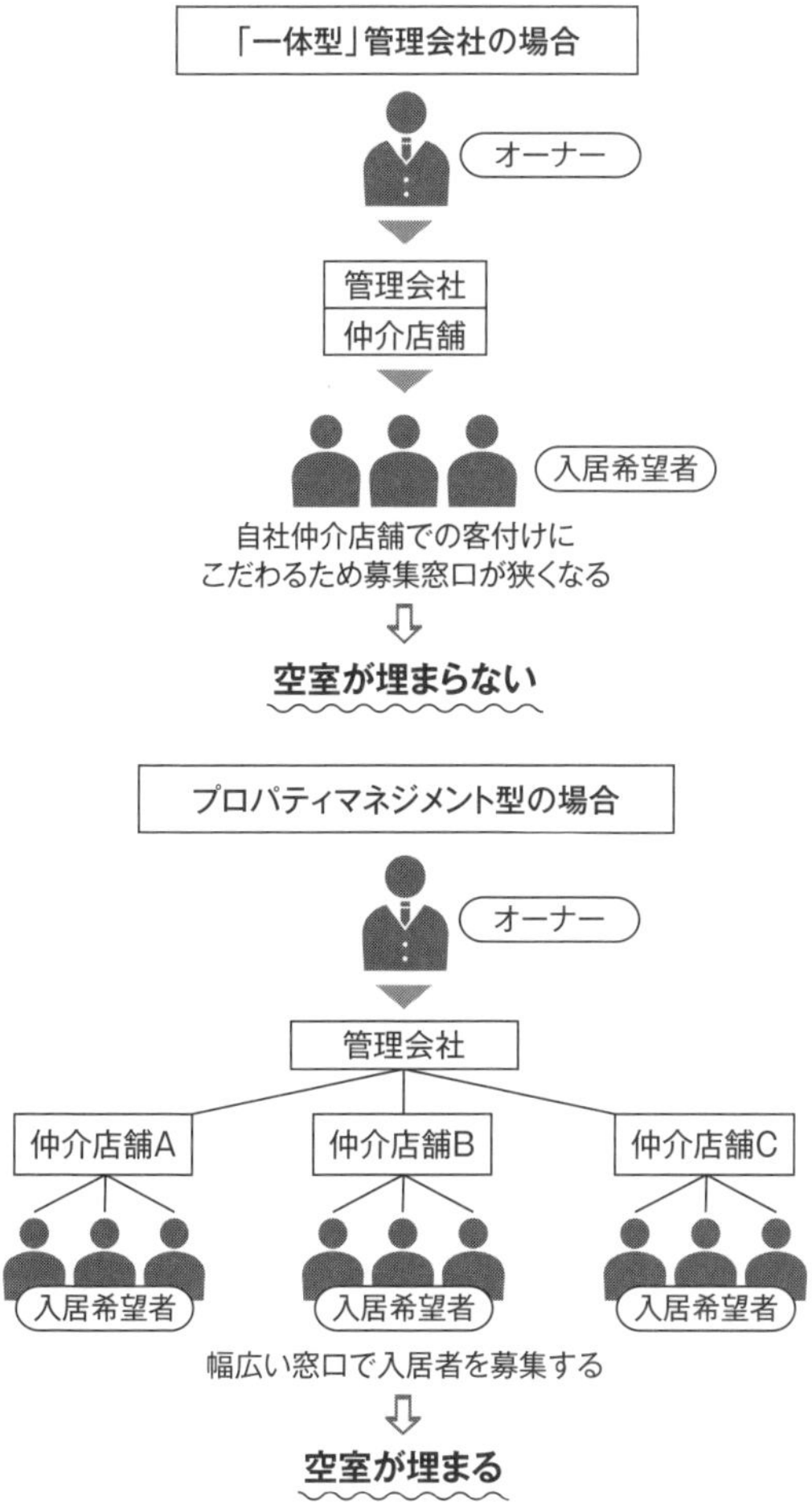

信頼できる管理会社選び5つのチェックポイント

①管理実績

収益物件の管理会社を選ぶ際、まずは実績を確認するのが手っ取り早いでしょう。

管理会社の実績とは、管理戸数と入居率です。

もちろん会社が自ら公表する数字ですので、新聞社の新聞発行部数や宗教法人の信者数同様、100%信用することはできませんが、一定指標にはなります。公表数字を割引いて考えてみてください。公表している管理戸数が1万戸であれば7000～8000戸が実際のところでしょう。公表の入居率が98%であれば、92～93%が実情です。

ここでポイントにすべきは細かな数字ではなく、きちんと一定の実績があることです。管理でいえば5000戸、できれば10000戸以上。入居率でいえば、エリアによって空室率が異なるのですが、95%以上確保されていることが望ましいといえます。

入居率は高いほうがいいのは当たり前ですが、戸数に関しては、管理というビジネスが規模の競争の世界に入ってきていて、スケールメリットが大きく関わってきていますので多いほうがよいことになります。

例えば、エアコンを交換するにしても管理戸数の大きい会社は安く大量に仕入れられますので、結果的にオーナーさんも安く取得できます。また、家賃保証の保証範囲も、管理戸数の大きい管理会社は大きな保証を保証会社から受けることができるのです。

②管理に特化しているか

実績を確認した後は、自社で仲介店舗を持たずに管理に特化している会社をパートナー候補にするべきです。このような管理形態を「プロパティマネジメント」といいます。

これは、オーナーの利益を最大化するという立場に立っていることの証明でもあります。特に首都圏においては、そのような会社がいくつも出てきています。

ただし、札幌や福岡などの地方都市においては、仲介店舗を持たざるを得ない事情もありますので、その点は考慮が必要です。その際には、会社内で仲介事業と管理事業が明確に分離していることを確認してください。

③エリア内でのシェア(地方都市の場合)

また、ややこしいのですが、地方都市でも人口50万人未満の都市においては、管理会社・仲介会社自体が少ないので、管理と仲介が分離していないのが一般的です。

このような地方都市においては、そのエリアで最も多くの仲介店舗を持っている会社を選ぶべきです。例えば、北関東の茨城県水戸市には、エリアで圧倒的なシェアを誇るM社という管理会社兼仲介会社があります。水戸市で物件を買うような場合があれば、M社は管理を依頼する先の有力候補でしょう。

そのうえで、担当者と密な関係を築いていくことも大切です。というのも、水戸市では優位にあるM社に物件管理を頼むオーナーが多数います。地元のオーナーはもちろん、東京都や神奈川県在住のオーナーもいます。

仮に、M社が管理する物件に計10戸の空室があり、それに対して3人の入居希望者がいるとします。それぞれの空室のオーナーからすれば、この3人が自身の所有する物件に入ってくれることが望ましいことは当たり前です。

つまり、ライバルのオーナーを差し置いて、自身の物件を優先的に推薦してくれるといった良好な関係を、M社の担当者と築いておくことが大切なのです。

ただし、一概には言えませんが、50万人未満の都市に収益物件を買うことは不動産の流動性の観点からはおすすめできない（利回り優先の場合は事情が異なりますが）ということは先述のとおりです。

④収益物件の売買のノウハウ

また、管理会社は収益物件の売買にも精通している必要があります。

本書で説く収益物件の活用においては、買う、管理する、売却するというのが一連の流れになります。その目的は、利益の最大化です。

管理は利益を最大化するための手段にすぎないのです。

そのため、どのように管理をしていけば高く売れるか、もしくはどうすればコストをかけずに売りやすい物件にできるかという視点は不可欠です。

先述したとおり

収益物件活用における利益

＝（売却金額 － 取得金額）＋（収入 － 支出）

になります。

これをトータルで考えなければ利益を最大化することはできないからです。

オーナーの節税プランや出口戦略も視野に入れて、日々の管理や修繕を行ってくれるのがベストなパートナーということです。

⑤相性

最後は、相性の問題です。

収益物件の活用は長い取引になりますので、気持ちよく取引できる会社および担当者を選ぶべきです。

管理会社とオーナーの関係は、社長と経営企画室のようなものです。オーナーがすべきことは、管理会社からの提案に対して判断を下すことになります。

取引の頻度はそう多くありませんが、そのやり取りを気持ちよくできることは重要です。もしそこでストレスになれば本業の会社経営にも悪い影響が出てしまいます。

社長が気持ちよく付き合える相手を選ぶ。これは社員の採用と同じではないでしょうか。

優良な管理会社選びのチェックポイント

- ☑ 管理実績　管理戸数10000戸以上・入居率95%以上
- ☑ 管理と仲介が分離しているか（首都圏）
- ☑ エリア内のシェアが一番か（地方都市）

＊ただし人口の少ない地方都市においての物件取得は流動性の観点からおすすめできない

- ☑ 収益物件の売買のノウハウがあるか
- ☑ 管理会社（担当者）との相性

入居率を高める3つのステップ

収益物件の運用において、空室率の増加はできるだけ避けなければなりません。空室期間が増えるということは、その間、家賃収入は途絶え、想定していた利回りは下がります。また転売を考える際も、空室の多い物件は、購入希望者からの評価が下がり、思った値段で売却しにくくなったりします。

収益物件のオーナーにとって、空室は最大の敵ともいえるでしょう。

では、どのようにすれば空室は埋まるのでしょうか？

空室を埋めるためのステップをご紹介します。実際に私の会社（管理戸数約15000戸。入居率97％）で実践している方法です。

見ていただくとお気づきのとおり、一般的な「もの」を販売する流れと全く同じです。

①幅広く募集する

一般的に空室率が高いといわれるなかで入居者を獲得するためには、まず物件の情報ができるだけ多くの入居希望者の目に触れる必要があります。そのためには、多くの仲介店舗に販売促進をかけなければなりません。家電やビールを効率よく売るのと同じ仕組みです。地元や沿線の仲介店舗にも依頼をして幅広く募集をかける。これは、例えばキリンビールが系列のレストランやネット直販以外に、スーパーや酒店に手広く販売を依頼し、ときには販促強化で自社のスタッフを小売店に派遣したりするのと同様の努力です。

②営業マンを味方にする

たくさんの入居希望者の目に物件情報が触れるだけでは、入居者が決まるとはいいきれません。他の物件に比べて優れていることをアピールしてもらう必要があるわけですが、それを行うのは仲介店舗の営業マンです。強く推薦してもらうために、営業マンを味方につける必要があります。

では、営業マンをどうすれば味方につけられるのかといえば、営業マンにとって魅力的な商品を提供することが一番です。営業マンの多くは契約のノルマを持っており、給料やボーナスが歩合になっていることがほとんどです。そのため、入居者が決まりやすく成約した場合に報酬が得られる物件であることを、しっかりと伝える必要があります。

また、多数の空き物件を抱えている店舗の営業マンに、優先して自身の物件を紹介して

3つのステップ

ステップ1　幅広く募集する

ステップ2　営業マンを味方にする

ステップ3　決まりやすい部屋（商品）をつくる

もらえるような人間関係づくりも重要です。

③決まりやすい部屋（商品）をつくる

入居者が決まりやすい部屋は、まず清潔感があります。汚く古めかしい部屋に入居しようという人はいません。かといって必要以上にコストをかけてしまうと費用対効果が低下してしまいますから、例えば部屋の色を工夫するなどのアイデアで、魅力的な部屋をつくります。

入居者が選びやすい部屋を提供することで、仲介店舗の営業マンも紹介しやすい物件になります。

戦略的な修繕を行う

収益物件の活用に欠かせないのが修繕工事です。建物は古くなれば修繕の必要性が出てきます。この修繕工事を戦略的に行うのと、ただ行うのとでは、利益に大きな差が出ます。ここでいう戦略的とは、税金のコントロールを考えることです。修繕工事の税務処理は大きく2つに分かれます。

ひとつは、修繕費として即時償却できるもの。2つ目は資本的支出として建物の耐用年数に応じて減価償却の対象となるものです。

収益物件の活用においては、できる限り修繕費として短期間で償却できたほうがよいわけですが、修繕費と資本的支出は、どのように区別されるのでしょうか。ひとつ例を挙げて、ごく簡単に説明しましょう。

例えば、防水工事は基本的には資本的支出に該当します。物件の価値が向上するからです。ただし価値を向上させない程度に修繕を行うことで、修繕費として処理することもできます。そうすれば単年度での費用化ができますので、その年度の税額を抑える効果が高くなります。

このように、修繕もただ行えばいいというわけではなく、戦略的に考えて行うことで収益物件の利益は最大化します。そのためには、先述したとおり、アドバイスをもらえる不動産会社の担当者や税理士といったパートナー選びが重要です。修繕費と資本的支出の判定についても、実際はもっと細かな基準がありますので、専門家のアドバイスは必須です。

出口戦略(売却)を意識した管理とは

繰り返しになりますが、収益物件の活用においては、売却して初めて利益が確定し、その利益を最大化することが求められます。

物件の取得、管理運営もすべてその目的に沿って行う必要があります。

管理に関しても、売却を意識して行うのと意識しないで行うのとでは、結果に大きな差が出てきます。

例えば、3年以内に売却を考えている物件があります。この物件に多額のコストを投じて外壁塗装をすることは、オーナーの利益最大化という視点では意味がありません。長期間維持できるようにコストをかけて三度塗りする必要はなく、とりあえずの化粧直し程度を目的に、一度塗りでコストを抑えたほうがよいでしょう。

逆に、多少コストをかけてでも室内のリフォームをして賃料を上げる（もしくは下がらないようにする）ことで、3年後の売却価格を上げることができます。

この場合は、かけたコストと賃料の上げ幅から逆算される売却価格の上乗せ分を比較して、その上乗せ分が大きければリフォームを行うという判断ができます。

また、土地の広い物件で先述のとおり資産価値（土地値）で価格の決まる物件であれば、入居者にトラブルなく退去してもらってから売却したほうが高く売れます。売却の時期（ゴール）を設定しているのであれば、当然そのゴールから逆算した運営を行う必要があるということです。

このような物件では、売却のタイミングを意識して、入居者が退去した場合には次の入居者を入れない、もしくは一時使用契約や定期借家契約で入居させ、いつでも退去してもらえるようにしておく必要があります。

いずれにしても売却というゴールありきなのです。

ゴールから逆算してどのような運営方法を取ればいいかを考え、実践する必要があるの

売却を意識した管理が重要

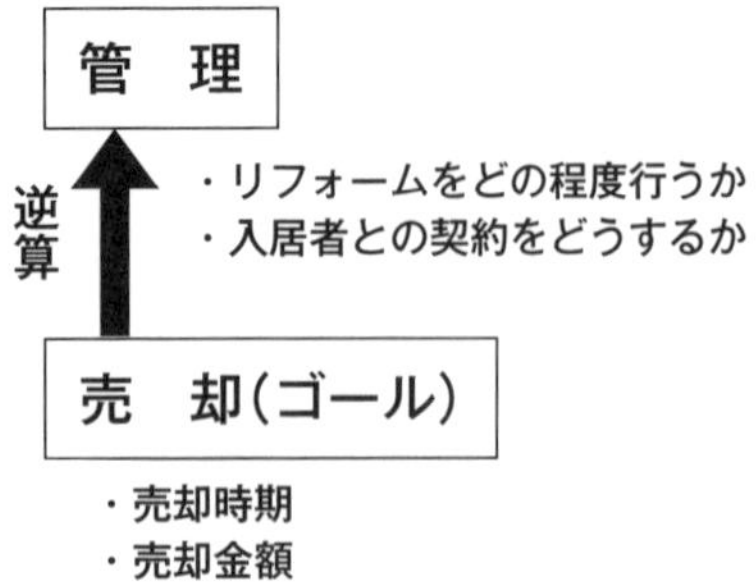

です。

事件・事故のリスクを軽減する方法

収益物件の活用にはリスクがあるのも事実です。大きなリスクは先述したとおりですが、管理運営上の小さなリスクもあります。

それらのリスクをいかになくして(減らして)いきながら管理運営していくかが、利益最大化の重要なポイントです。

例えば、孤独死に対する対策です。発見の時期にもよりますが、物件で孤独死が起きてしまえば、100万円単位の改修費が必要なだけでなく、その後の入居者獲得も難しくなります。

私の会社では、管理物件において令和元年だけでも2回の孤独死を経験しています。そのうちのひとつは、死後1カ月強経過していたために、1Kの間取りの改修工事に300万円の費用がかかりました。

しかし、昨今の高齢社会では単身高齢者の入居が増える傾向にあります。オーナーの本音としては、基本的には単身の高齢者を受け入れるリスクは避けたいものです。しかし一方で空室率の問題もあり、何とか入居者を確保したい状況です。

このような状況においては、**孤独死に対する保険を掛けることが有効です**。物件に万が一孤独死が発生した場合の改修工事費用と、入居者が入らない場合の家賃の保証です。

このような保険を掛けることで単身の高齢者の入居を可能にし、入居率を上げていくことができます。

また、昨今は空室率に加えて家賃滞納の問題もあります。

この問題に対応するためには、保証会社をうまく活用する必要があります。保証会社とは連帯保証人の代わりの役割を担うものです。この保証会社に加入することによって、家賃だけではなく、更新料や電気代・水道代といった変動費まで保証されます。保証会社が倒産しない限り収益が確保されるのは、非常に心強く安心です。

ただし、保証会社も千差万別です。また、管理会社によって受けられる保証内容が変わってくるので、保証会社の見極めおよび管理会社の見極めが重要になります。

管理運営面においては、このようなリスクを回避しつつ積極的な入居者獲得の活動が求められるのです。

第7章

事業の保険か、短期投資回収か——目的に合わせた出口戦略

売却をもって利益が確定する

収益物件の活用は取得、管理運営、そして最終的に売却して利益が確定します。株式も同様です。取得価格があって、保有期間に配当が入り、最後に売却をしていくらの利益が出たか、損失が出たかがはっきりするのです。

特に、配当が出ている（キャッシュフローを得られている）からいいとしてしまうことが多いのですが、最後に元金（物件価格）が下がっていてはトータルで損失になってしまうこともあります。

この一連の流れを理解して収益物件の活用を行う必要があります。

売却

⇓

利益（損失）
確定

アパートのまま売るか、更地にして売るかの判断基準

では、具体的に売却をどのような形で迎えればいいのでしょうか。

売却の形は大きく2つです。アパートをアパートとして売るか、もしくは更地にして売るかです。

これは、第1章で説明した物件の価格が決まる基準によって異なります。

価格が決まる基準になるのは、物件の収益性（利回り）あるいは資産価値（土地値）の2つで、いずれかの高いほうでした。

どちらの基準で価格が決まっているかによって、売り方は異なります。収益性で決まっている物件に関しては、アパートのまま売るほうが高く売れます。一方、資産価値（土地値）によって価格が決まっている物件はできるだけ更地に近い状態で売ることで高く売れます。

つまり、**自分の物件の価格がどちらの基準で決まっているのかを理解しなければ、最適な売り方もわからない**ということです。

アパートのまま売るか、更地にして売るか

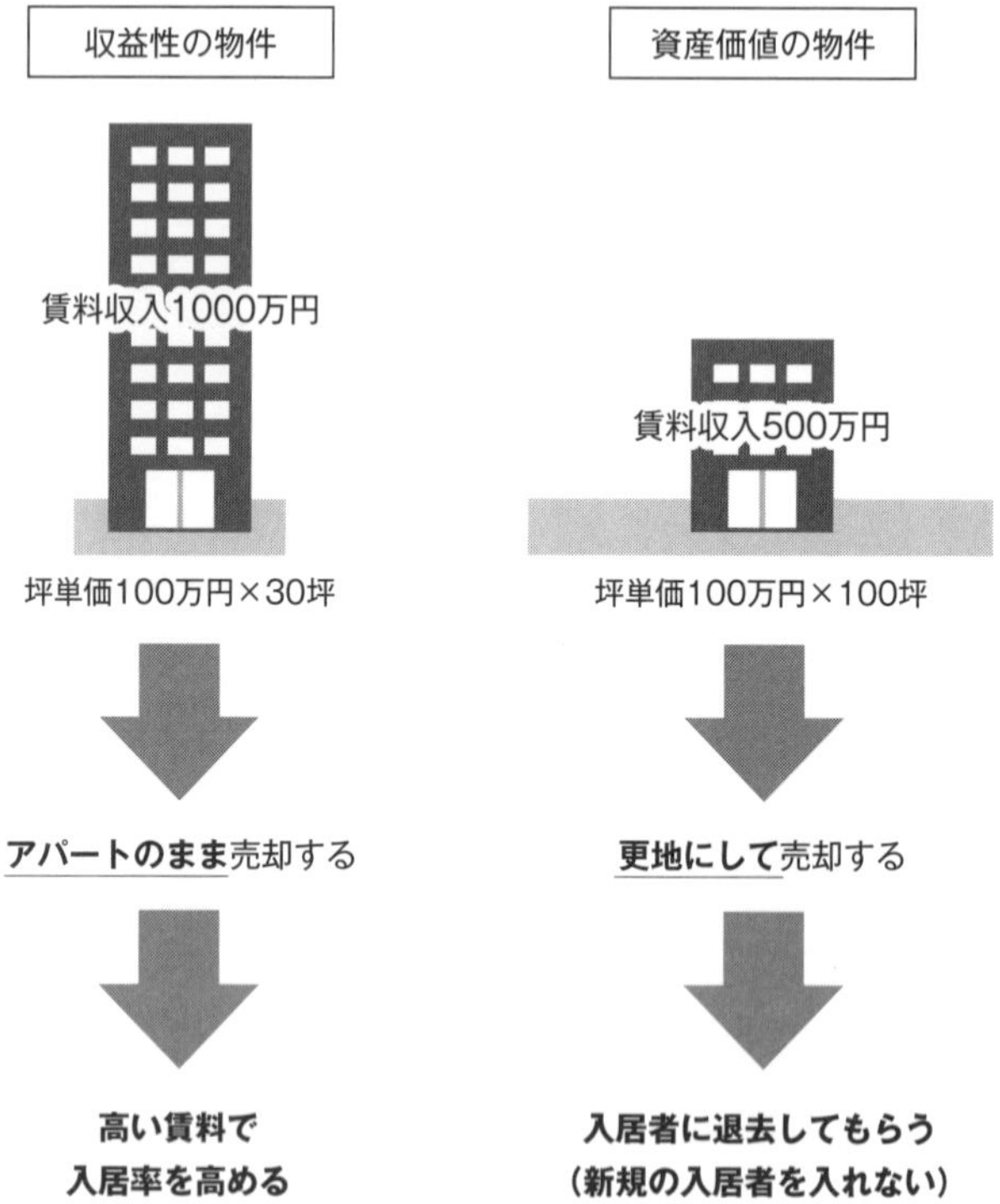

収益性の物件では、言葉のとおり収益性で価格が決まってきますので、できるだけ賃料を高く、かつ入居率を高くする必要があります。逆に資産価値の物件は、取り壊しのためには入居者がいないほうがいいのですから、新規の入居者を入れないだけではなく、既存の入居者にもトラブルなく出ていってもらう必要があるのです。

現場で取引をしていると、これを理解せずに真逆の行動をとられている売り主さんを頻繁に目にします。特に多いのが、「収益性の物件」にもかかわらず、入居者を一所懸命出してしまって売ろうとしている方です。

これでは、せっかくのアパートの価値を損なってしまいます。

より高値で売却する方法

では、より高く売るための方法を具体的に説明します。

収益性の物件に関しては、賃料を上げることです。しかし、現実的には空室率が高まっている現在においては、賃料を上げることは容易ではありません。

よほどお金をかけて物件をきれいに保たなければとお考えになることでしょう。実際、お金をかけなければ賃料を上げるどころか、維持することもできません。

では、どの程度お金をかければいいのかを具体的に見ていきます。

例えば、通常50万円で行う原状回復工事を、100万円かけてより丁寧に行うことで賃料が1万円上がるとします。

この物件が利回り8％で売却できるとすると

1万円×12カ月　÷　8％　⇓　150万円

150万円高く売れるということです。そして、そのために要したコストは、通常より余計にかけた50万円ですから、差し引き100万円のプラスとなります。これは物件を高く売るための基本的な方法であり、投資するべきかどうかの判断基準となります。

次に資産価値の物件です。

資産価値の物件は、買い主は更地を求めていますので、できるだけ更地に近い状態にすることです。

厳密には、更地価格から更地にするためのコストが減額要因となってしまいます。更地にするためのコストとは、入居者の退去費用や、建物の解体費用が主なものです。そのな

リフォームするべき？

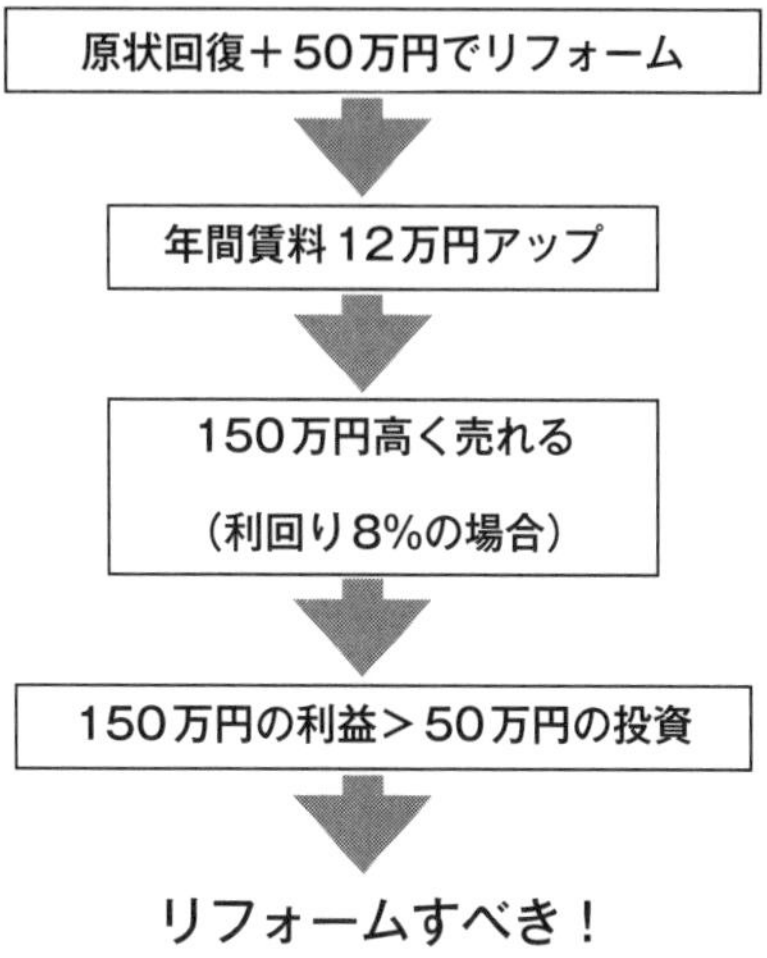
原状回復＋50万円でリフォーム
年間賃料12万円アップ
150万円高く売れる
（利回り8%の場合）
150万円の利益＞50万円の投資
リフォームすべき！

収益性の物件

投資金額	>	物件価値の上昇	投資しない
投資金額	<	物件価値の上昇	投資するべき

資産価値の物件

早い段階で定期借家契約の導入
（更地にしやすい状態になる）

かでも、日本の借地借家法においては入居者が強く保護されていますので、退去費用には数百万〜1000万円単位など、多額のコストがかかる場合があります。

コストをかけずに入居者に退去してもらう方法としては、定期借家契約があります。売却することがある程度見えているようであれば、入居者を募集する際に、定期借家契約を結ぶのです。そうすることによって、定期借家の期限が来れば、自動的に退去してもらうことが可能となります。

通常、賃貸借契約では、オーナーの都合で退去してもらう場合には入居者に引っ越し代を支払わなければなりません。さらには、いつまでも出ていってもらえないというリスクもゼロではありません。これでは、売るに売れなくなってしまいます。
売却を考える場合には、売却予定の時期に合わせて定期借家契約を早い段階から導入するべきです。

売却時にかかる税金

では、無事に売却できたとして最後に問題となるのが、売却にかかる税金です。本書では富裕層に対しての税金対策を一貫して解説してきましたが、日本では、不動産の売却にも多額の税金がかかります。売却金額から簿価を控除し、さらに売却に要する費用を控除した利益に対して課税されるのです。

売却金額 － 簿価 － 売却に要する費用 ＝ 利益 ⇒ 課税

簿価とは、取得価格から毎年建物と設備の部分を減価償却していったその残額です。また、売却に要する費用とは、仲介手数料や売買契約書に貼付する印紙代などになります。この利益に課税されるのですが、取引主体（法人か個人か）および保有期間によってその税率が異なります。

総合課税と分離課税

日本の税法は複雑で、その取引主体が法人であれば、他の所得と合算される総合課税となり、その取引主体が個人であれば他の所得と分離され課税される方式となっています。法人で取引を行う場合には、物件の売却利益、損失はその法人の他の所得、損失に合算されます。

先述したように、例えば物件の売却で利益が出れば、本業の損失と合算することができます。逆に物件の売却によって損失が出るようであれば、本業の利益にぶつけることで利益を圧縮することができます。

その法人が不動産業でなければ、物件の売却は売上ではなく、固定資産の売却になりますので、特別利益・損失の扱いとなります。

本業の経営状況に連動させる形で売却を行うことで、経営の安定化が図れます。出口をコントロールできることが収益物件の活用の大きなメリットといえます。

一方、取引主体が個人の場合は、分離課税となります。

不動産の売却にかかる税金は他の所得と切り離して考えられますので、年収が1億円の人でも500万円の人でも、収益物件の売却益5000万円にかかる税金は一律で1000万円（長期譲渡の場合）です。

これは、株式の配当や利子所得と同じ考え方です。

オーナー社長の高額な所得（役員報酬）と合算されることはありません。

例えば、1億円の所得に収益物件の売却益5000万円が合算されて、合計1億5000万円の所得に対する課税とはならないということです。そのため、**個人の所得が高額な人ほど個人所有の不動産の売却は効率が良い**といえます。

そして不動産を保有していた期間によって、売却時にかかる税率が変わってきます。詳細は次項で述べます。

収益物件売却時の税率

個　人	短期譲渡	39 %
	長期譲渡	20 %
法　人	総合課税	

個人の節税狙いなら5年超の所有後に売却

取引主体が個人の場合は、収益物件の保有期間によって税率が異なります。

短期での売却だと税率が約39％ですが、長期になると約20％になります。

短期・長期の目安は、保有後6回年を越すこと（ある年の1月1日時点で、5年超所有していること）であり、6回未満であれば短期譲渡となります。

例えば令和元年8月に物件を取得すると、長期譲渡になるのは令和7年の1月1日以降となります。

税率、つまり税額にほぼ倍の差が出るので、**個人の所有であれば長期譲渡になるのを待って売るのが効率的**だといえます。特に高額所得者のオーナー社長にとっては、先述のとおり減価償却を税率50％で行い、物件売却時にかかる税率を20％に抑えられれば、非常に節税効果が高くなります。

オーナー社長にとっての適切な売り方とタイミング

第3章などで、フローとストックの節税装置としての収益物件活用について詳述してきました。また、キャッシュフロー重視や貯蓄代わりとしても収益物件を活用できることは全編で述べてきました。ここでは、「出口戦略」という観点を加えて、おさらいをしておきたいと思います。

まず、節税を重視する場合ですが、耐用年数を超えた木造アパートで4年超保有など、減価償却のうまみが減った物件から売却し、次の物件を入れ替えで購入していくというサイクルが可能です。

そうすることで、減価償却の節税効果を切れ目なく継続させることができ、理論上は課税の先延ばしを延々と続けることができるということです。

また、法人で複数棟を所有しているケースでは、同一年度内に大規模修繕で赤字が出るA物件の修繕に合わせ、売却益が出るB物件を売ってしまい、結果として損益を相殺させるといった手法も活用できます。

長期保有やスペアタイヤとしての売却も

一方で、インカムゲイン狙いで長期保有を続けたり、本業の赤字や不振を補塡したりする、スペアタイヤとしての売却も可能です。

例えば、初期設定した利回りなどの見込みより意に反して成績が良いような場合、かつ本業にも何の問題もないのであれば、長期保有を視野に入れることもあり得ます。

逆に、何らかの事情で本業が不振に陥ったりした場合は、スペアタイヤとしてとっておいた収益不動産を売却し、その対価で本業収入の落ち込みを穴埋めするということです。

いずれにせよ、オーナー社長の事情や本業の行く末は千差万別です。そのため、それらオーナー社長の個々の事情に合わせたきめ細やかな物件取得、管理、修繕計画、出口戦略を立案していく必要があるのです。

ＩＲＲの考え方——将来のお金より今のお金

収益物件は売却をもって利益が確定する、と繰り返し述べていますが、その利益は絶対額ともうひとつの指標であるＩＲＲという指標によって示されます。

ＩＲＲは、内部収益率と訳されます。投資に対する収益率を表すもので、要は1年後の１０００万円と10年後の１０００万円は価値が異なるという考え方です。当然ですが、１年後の１０００万円のほうが価値は高いとされます。

この考え方は当然で、早く資金を得られればその資金を次の投資などで運用することができるからです。

絶対額としていくらの利益が出たかという考え方とともに、ＩＲＲでの利益を把握することで、投資効率を上げることができます。

1年後に1000万円が入る投資なら、そのお金をさらに運用に回し、利回りを得ていくことも可能です。また投資には回さず、本業の運転資金に充当したりすることも可能です。

一方、10年後にしか1000万円が入らない投資ではどうでしょう。

仮に別の投資を行うには、新たな資金が必要で、自己資金や借り入れで賄わなければならず、借り入れには金利も伴います。

このように、同じ1000万円というリターンが得られる投資でも、そのリターンを手にする時期がいつかによって、優劣が決まってくるのです。

例として次ページの表をご覧ください。AとBはともに1000万円を投資して、4年間で1110万円を回収できるモデルです。このケースにおいては投資金額および回収金額は同じですが、回収のスピードに違いがあります。Aは2年目で1000万円を回収しており、再投資を行うことも可能です。一方Bが1000万円を回収するには、4年目まで待たなくてはなりません。このように、より早く投資回収しているAのほうが投資効率の面で優れているのです。

本書で紹介してきたように、収益物件は出口戦略を立てやすい、つまり会社や市況の状

ＩＲＲの考え方

A、Bともに1000万円投資し、最終的に1110万円回収する

	現在	1年目	2年目	3年目	4年目	合計
A	－1000万円	700万円	300万円	100万円	10万円	1110万円
B	－1000万円	10万円	100万円	300万円	700万円	1110万円

ＩＲＲ(内部収益率)では、AのほうがBよりも優れている！

況に応じて利益を最大化する売却戦略を立てやすいという特徴があります。ちなみに、先述したシミュレーションソフトを活用すれば、ＩＲＲの指標も細かく把握することが可能となります。

第8章

収益物件の活用で、オーナー社長はより本業に注力できる

最終章では、実際に収益物件の活用を行っている4名の方々を紹介します。内訳は、中小企業のオーナー社長が2名。歯科医師兼歯科クリニック経営にあたる方が1名。そして開業医の方が1名です。

いずれも、物件の取得や管理などで私の会社が深く関わってきた事例といえます。

4名の業種業態は様々で、それぞれ「節税重視」「キャッシュフロー重視」など目的や取り組み方が異なっています。共通点としては、すべての方が資金のほぼ全額を借り入れで行っているということです。

なお、4例ともすべて、5年以上の取り組みを行い、一定の成果が出ている方々ばかりです。

個人のプライバシーを守るため、全員をイニシャルとしています。ただし、金額などの数値はおおむねリアルなもので、これから収益物件の活用を考えるという方には参考になるのではと思います。

■事例1■　7年間で12棟14億円の投資
会社経営者（N氏）　50代男性

本業：**輸入代理店経営者**
本業売上：**20億円**
経常利益：**2億円**
社員数：**30名**
役員報酬：**1億円**

所有している収益物件：**アパート・マンション11棟**
オフィスビル1棟（売却済）
収益物件活用の目的：**副収入＋節税**
投資額：**14億円**

N氏が経営する会社は、輸入代理店です。

直近では、本業の売上が20億円、経常利益は2億円で、社員数が30名、自身の役員報酬は1億円です。

現在のところ本業の業績は好調ですが、N氏のかねてからの心配は「波のあるビジネス」ということでした。「輸入代理店」という性格上、地勢学リスクや為替リスクが付いてまわります。

そのような将来に対する漠然とした不安から、収益物件の活用を決意したのでした。

キャッシュフロー目的で始め、節税も

Ｎ氏がイザというときの副収入を目的として収益物件の活用を開始したのが、平成19年のこと。

取得にあたっては、本業とは別の資産管理法人を設立し、同法人の名義で物件を取得していきました。

次第に物件数は増え、現在までにアパート・マンションで11棟、オフィスビル１棟の計12物件を取得。うち、オフィスビルの１棟は、４年間の保有後に売却しています。ちなみに、このときは３０００万円の売却益を計上しています。

当初はイザというときの副収入（キャッシュフロー）を目的とした取り組みでしたが、Ｎ氏個人の１億円という役員報酬の節税目的でも、物件を取得するようになっていきました。

ここまでの章で述べたように、累進課税の日本では個人や会社の所得が多ければ多いほど税率は高くなります。そのため、Ｎ氏としても、「キャッシュフロー＋（個人の）節税」

という観点を次第に重視するようになっていったのです。

現在所有している計11物件のうち、主にキャッシュフロー目的の取得が8件、減価償却を活用した個人の節税目的の取得が3件となっています。なお、個人の節税目的の物件は、個人名義での取得となっています。

足掛け8年目に入った収益物件の運用は、売却した1件も含めて投資規模では計14億円（現在の保有物件は約12億円）という大掛かりなものになりました。

現在の運用状況としては、年間賃料収入が約1億1000万円です。減価償却を大きく設定しているため不動産収入に対しての税金はほぼゼロにコントロールされています。そのため税引前キャッシュフローと税引後キャッシュフローがほぼイコールで、年間2300万円となっています。これは手取りで月額約200万円の副収入があることを示しています。

また、プラスして元金の返済を年間4400万円行っています。これは毎年4400万円「貯蓄」しているのと同じことです。税引後のキャッシュフローと元金返済を合計した年間の投資回収金額は6700万円に上ります。非常に効率の良い運用状況といえます。

なお投資金額のすべては、地元埼玉県を地盤とする地方銀行と信用金庫からの全額借り入れで調達しています。本業の売上20億円、年間の経常利益2億円という高い収益性などが信用につながったのだと感じます。もちろん、私の会社の紹介も功を奏してか、直近の借入金利は1％を大きく下回っています。

今後は大規模修繕やリフォームなどもテーマに

収益物件の運用開始当初に購入・所有した物件が、経年劣化によって次第に傷んでいきます。今後の課題としては、節税を意識した大規模修繕をうまく計画する（会社や個人の所得が多くなる年度に合わせて行う）ことでしょう。

同時に、キャッシュフロー重視で長期保有を視野に入れる場合は、退室などに伴う家賃設定の変更やリフォームの計画などにも神経を使っていかなければなりません。

現状、11棟の収益がうまく回っていることから、仮に1棟、2棟の物件で空室の増加や出火といった事態が起こったとしても、他の物件がカバーしてくれます。

キャッシュフロー＋節税で始めたN氏の投資は、バランスの取れた収益物件運営として参考になる事例といえそうです。

N氏キャッシュフロー表

総投資額：11 億 7000 万円
借入金額：11 億 7000 万円

年間キャッシュフロー（C/F） 単位：万円

賃料収入	11,000	
諸経費 元金返済 金利返済	1,900 4,400 2,400	 A
税引前 C/F	2,300	B
税引後 C/F	**2,300**	C＝B－E
年間投資回収 （税引後 C/F ＋元金返済）	**6,700**	D＝A＋C

損益計算書（P/L） 単位：万円

賃料収入（売上）	11,000	
諸経費 借入金利 減価償却費	1,900 2,400 6,600	
損益（税引前利益）	**100**	
納税額	0	E

■事例2■　減価償却で本業利益を3000万円圧縮
会社経営者（R氏）40代男性

本業：IT企業経営者
本業売上：2億円
経常利益：3000万円
社員数：5名
役員報酬：5000万円
所有している収益物件：マンション2棟
収益物件活用の目的：節税
投資額：5億5000万円

R氏の本業は、IT企業の経営です。

企業の売上は、年間で2億円、経常利益は3000万円と高利益体質です。5名の社員を雇い、自身の役員報酬は5000万円です。

これまでの間、本業では順調に利益が出ていました。そこで、本業の節税対策として平成20年から収益物件の活用を始めたのでした。

節税を目的に、2棟のマンションを取得

これまでに購入した物件は、賃貸マンション2棟です。

総投資額は5億5000万円で、その全額を借り入れで賄っています。

なお、借入先はすべて地元の地方銀行や信用金庫で、借入金利は1％台半ばです。

現在のところ、年間賃料収入はおよそ5300万円と、表面利回りで10％弱となっています。

このR氏のケースでは、収益物件の取得名義はすべて本業法人での取得となっています。2棟とも鉄筋コンクリート（RC）造の物件ですが、本書でも紹介してきたように、RC物件の購入にあたっては、建物本体と設備を分けることで減価償却を短期間で行い、うまく節税（税の先送り）を図ってきました。

具体的には、減価償却の金額を初期に多めに取れる設備の比率を合理性のある範囲で高めたことで、会計上の赤字を計上し、本業の利益を年間で3000万円程度圧縮することに成功した年もあります。

収益物件の入れ替えも検討・推進中

Ｒ氏は、収益物件への投資を始めて11年目にあたります。現在は、設備償却の終わった物件を売りに出し、資産の入れ替えを進めています。

すでに述べてきたように、減価償却を節税に活かすうまみは収益物件購入後の４〜５年程度など、多額の費用を計上できる初期にあります。

もちろん、高い家賃や入居率を維持できそうなケースなどでは長期の安定保有を考える選択肢もありますが、Ｒ氏の目的は「安定利益の出る本業の節税」ですから、５年前後のスパンで収益物件の売却と購入を繰り返し、入れ替えを進めていく手法が有効なのです。

本業が順調なときにこそ、先手を打って節税やリスクヘッジの手段を講じておく。Ｒ氏の経営手法は、そのことを教えてくれているようです。

R氏キャッシュフロー表

総投資額：5億5000万円
借入金額：5億5000万円

年間キャッシュフロー（C/F） 単位：万円

賃料収入	5,300	
諸経費 元金返済 金利返済	900 1,600 900	 A
税引前 C/F	1,900	B
税引後 C/F	**3,100**	C＝B－E
年間投資回収 （税引後 C/F ＋元金返済）	**4,700**	D＝A＋C

損益計算書（P/L） 単位：万円

賃料収入（売上）	5,300	
諸経費 借入金利 減価償却費	900 900 6,500	
損益（税引前利益）	**▲3,000**	
納税額	▲1,200	E

■事例3■　「貯蓄」として年間6000万円の元金返済
クリニック経営（I氏）　50代男性

> 本業：**歯科医・**
> **歯科クリニック経営者**
> 本業売上：**5億円**
> 経常利益：**2500万円**
> 社員数：**100名**
> 役員報酬：**1億円**
> 所有している収益物件：**アパート・マンション4棟**
> 収益物件活用の目的：**貯蓄**
> 投資額：**約9億円**

50代のI氏は、自らも歯科医師の免許を持つ経営者です。現在、計6カ所の歯科クリニックを「多店舗経営」しています。

従業員数は100名を数え、ご本人の役員報酬は1億円です。

私の会社が関わるようになったきっかけは、私の会社とも縁の深い金融機関からの紹介でした。

当初、I氏が収益物件の保有を考えた目的は「貯蓄」でした。

本業の経営が極めて順調なため、キャッシュフローはさほど出なくてもいいというお考えです。つまり、毎月のキャッシュフローにこだわるというよりは、貯蓄代わり、あるいは資産の分散といった観点を重視していたのです。

そのような考えのもと、平成21年より収益物件の活用を開始。これまでの5年間に、賃貸アパートとマンションを計4棟保有するまでになりました。投資金額は計約9億円と、1件平均2億2000万円です。借入金の総額は約8億円ですが、I氏のケースもすべて地元の地方銀行と信用金庫からの借り入れです。

貯蓄を主な目的にしていることから借り入れも一部短期で組んでいるため、キャッシュフローに関しては年間1100万円と大きくはありません（減価償却を使って会計上は赤字を計上しています）。しかし元金の返済を年間6000万円近く行っています。そのため税引後のキャッシュフローと元金返済を合計した年間投資回収金額は7000万円にも上ります。将来的には物件を売却することで大きな売却益を得ることになります。

資産管理法人を設立。その名義で物件を購入・保有

「貯蓄」が主目的の活用ですから、長期で借り入れが可能な物件だけではなく、短期間で

の借り入れでの取り組みも行っています。

なお、医療法の定めで医療法人の名義では収益物件を保有することができません。そこで、資産管理法人（ＭＳ法人）を設立したうえで、その名義で物件を購入・保有するというスキームを採用しています。

今後、「貯蓄」という当初の目的を長期にわたって実行していくのか、それとも相場を見ながら臨機に売却なども検討するのか、選択肢は豊富です。

Ｉ氏は今後の景況や法制度、また経営する医療法人の状況など様々な要素を確認しながら折々に最善の手を打てることでしょう。

I氏キャッシュフロー表

総投資額：8億7000万円
借入金額：8億2000万円

年間キャッシュフロー（C/F） 単位：万円

賃料収入	9,400	
諸経費 元金返済 金利返済	1,800 5,900 900	 A
税引前 C/F	800	B
税引後 C/F	**1,100**	C＝B－E
年間投資回収 （税引後 C/F ＋元金返済）	**7,000**	D＝A＋C

損益計算書（P/L） 単位：万円

賃料収入（売上）	9,400	
諸経費 借入金利 減価償却費	1,800 900 7,400	
損益（税引前利益）	**▲700**	
納税額	▲300	E

■事例4■　地方の物件活用で年間税引後キャッシュフロー2300万円
開業医（T氏）　30代男性

> 本業：**開業医**
> 本業売上：**2億4000万円**
> 経常利益：**7000万円**
> 社員数：**5名**
> 役員報酬：**5000万円**
> 所有している収益物件：**アパート・マンション5棟**
> 収益物件活用の目的：**副収入**
> 投資額：**8億円**

最後に紹介するT氏は、現在開業医としてご活躍中です。私の会社では、T氏が開業される前の勤務医の時代から取引がありました。

現在、T氏が経営する医療法人は、社員数が5名で、ご自身の役員報酬は5000万円です。

T氏が収益物件への投資を始めたのは平成20年です。当時はまだ勤務医で、取得の最大の目的は「イザというときの副収入」、つまりキャッシュフローでした。

これまでに、賃貸アパートとマンションを計5棟保有しています。

総投資金額は8億円ですが、ほぼ全額を借り入れで賄っています。

事例3のケースと同様、医療法人では収益物件を持てないため、資産管理法人および個人名義での取得となっています。

このケースでユニークな点は、地方に目を向けていることです。キャッシュフローの割合を多くしたいと考えた末、Ｔ氏は平均して利回りが高い地方都市の収益物件を候補としたのです。

現在の年間賃料収入は８５００万円となっています。副収入目的でＲＣ物件を中心に取得しており、他の事例とは異なり減価償却を大きく取っていないため会計上の利益を計上しています。また借り入れも同様の目的から長期に組んでいるため、元金の返済が少なくなっています。税引前キャッシュフローが２８００万円であり、そこから税金を納めた後の２３００万円が税引後キャッシュフローとなります。副収入という目的を達成しているのがおわかりいただけると思います。

さらに、元金の返済を合計した４１００万円が年間の投資回収金額となります。

副収入を目的にしているため、地方都市の高利回り物件を取得

本書でも少し述べましたが、投資を考える人が多いわりに物件数が少ない都心部では、平均して利回りは低くなります。他方、ライバルが少ないうえに物件価格そのものも安い地方都市では、平均して高利回りが期待できます。

例えば、T氏がある地方で取得した物件では、現在のところ年間の表面利回りで11％という高利回りを実現しているのです。

そのぶん、地方の物件ではいったん退去者が出ると次の入居者が見つかりにくい、つまり空室期間が長くなりがちといったリスクも潜みます。

今後は空室対策だけでなく、今いる入居者にいかに留まってもらうかということも経営のうえで大切になってくるでしょう。

同時に物件の入れ替えや、都心部での取得といったことも並行して考えてもいいのかもしれません。

T氏キャッシュフロー表

総投資額：8 億円
借入金額：7 億 6000 万円

年間キャッシュフロー（C/F） 単位：万円

賃料収入	8,500	
諸経費	1,800	
元金返済	1,800	A
金利返済	2,100	
税引前 C/F	2,800	B
税引後 C/F	**2,300**	C＝B－E
年間投資回収（税引後 C/F ＋元金返済）	**4,100**	D＝A＋C

損益計算書（P/L） 単位：万円

賃料収入（売上）	8,500	
諸経費	1,800	
借入金利	2,100	
減価償却費	2,800	
損益（税引前利益）	**1,800**	
納税額	500	E

以上、４つの事例を紹介しました。

物件の選定や紹介、金融機関の紹介、さらには売却（出口戦略）のお手伝いなど、私の会社としても様々な場面で、様々なサポートをしてきました。

今振り返って感じるのは、４例とも本業がイキイキとうまく回っておられるということです。

本業に加えて「収益物件」というもうひとつの収入の手段や節税の手段を持つことで、経済面だけでなく精神面にも余裕が生まれるかのようです。

皆さん一様に、本業と収益物件という両輪がかみ合い、相互に好影響をもたらしているように感じます。

これから収益物件の活用を始めたい、あるいは投資を強化したいという人も、ぜひ本業と収益物件活用の好循環を目指してほしいと願います。

おわりに

私が会社を立ち上げて15年目になりますが、本書で紹介したようにこれまで多数のオーナー社長に対して収益物件の活用をサポートしてきました。

その過程で、様々なオーナー社長ともお会いし、事業の悩みなどをお聞きする場面も増えました。

これまで、私自身や私が経営する会社で行ってきた不動産取引や管理のノウハウ・要諦を一冊にまとめることで、一人でも多くのオーナー社長の皆さんをサポートできないかと考えたのが本書執筆のきっかけでした。日本の企業の99％以上が中小企業です。**中小企業のオーナー社長が元気になることで日本全体も元気になる**というのが私の信念だからです。

本書の前半では、オーナー社長を取り巻く環境の厳しさや、それゆえに収益物件という本業以外の収入手段を持つことの有用性を指摘しました。

本書の中盤、特に第3章には大きな紙幅を割き、「節税装置」としての観点から、収益物件の有用性を紹介しました。巷にある不動産投資関連の書籍などでは、例えば立地や間取り、利回り、管理といった問題には触れられていても、この「節税装置」としての視点は抜けているか、記述が希薄なものが多いと感じます。

その点、本書の第3章は、オーナー社長にとって最も関心のある内容を事例をもって具体的に記述しました。

また第4章以降の後半では、物件選び、金融機関の選び方、管理の要諦、出口戦略などについても述べました。それらの内容の一端は拙著『年収1000万円から始める「アパート事業」による資産形成入門』『「利益最大化」を実現するアパート経営の方程式』にも出てくるものです。

ただし、本書では「オーナー社長に向けて」という視点を意識しました。多忙のうえ、本業の行方はいつどうなるかわからない。高所得なので会社や個人の資産の節税にも努めたい。そのためには、所有の目的や出口戦略も人それぞれで、極論すれば出口戦略が年々変わることもある……。そのようなオーナー社長たちのニーズにも応えられるような観点から、取りまとめたつもりです。

そのため、すでに拙著をお読みいただいていた読者の方にとっても、新たな発見や立体的な理解につなげていただけたのではと思います。

また最後には、私の会社が関連してきた取引のなかから、実際に収益物件を有効活用されている4名のオーナー社長を仮名としたうえでご紹介しました。掲載を許可していただいたこれらの方々に、この場を借りてお礼を申し述べます。

昨今、富裕層に向けた増税路線が既定のものとなったばかりか、会社経営の不確実性がますます高まっています。そんななか、オーナー社長は自身や家族だけでなく、多くの従業員や取引先、ひいては社会に対して多大な責任を負っています。

多難で不透明な時代を生き抜いていかなければならないオーナー社長に、ぜひ収益物件を有効に活用していただき、社業と暮らしの一層の充実に役立てていただければ幸いです。

最後までお読みいただき誠にありがとうございました。

今回出版するにあたり幻冬舎メディアコンサルティングの皆様には大変お世話になりました。この場を借りて御礼申し上げます。

令和元年8月　著者

大谷　義武（おおや　よしたけ）

昭和50年、埼玉県熊谷市生まれ。東京大学経済学部卒業後、三井不動産株式会社に入社。同社にて商業施設（ショッピングセンター）の開発・運営業務（用地取得業務、テナントリーシング等）、オフィスビルの開発・運営業務等、最先端の不動産業務に携わる。平成17年12月に同社を退社し、さいたま市において有限会社武蔵コーポレーションを設立（その後、株式会社に改組）。オーナー社長を始めとするインカムリッチの富裕層に対して収益用不動産（賃貸アパート・マンション）を用いた資産形成のサポート事業を展開。設立以来、1500棟、1200億円の一棟ものアパート・マンションを販売。また、販売後の賃貸管理にも力を入れ、独自の手法（プロパティマネジメント）により管理戸数16000戸、入居率98%以上を維持している。既存顧客（個人投資家）のための情報共有・交流の場として「武蔵コーポレーションオーナーズクラブ」を主宰する。

武蔵コーポレーション株式会社
埼玉県さいたま市大宮区桜木町1-7-5　ソニックシティビル21F
TEL 048-649-0333　FAX 048-649-3331
http://www.musashicorp.jp/

主な参考文献

『スゴい「減価償却」』（杉本俊伸+GTAC著・幻冬舎メディアコンサルティング）

●注意
本書は情報の提供および学習を主な目的としたものであり、著者独自の調査に基づいて執筆されています。実際の投資の成功を保証するものではなく、本書を用いた運用は必ずご自身の責任と判断によって行ってください。本書の内容に関して運用した結果については、著者および株式会社幻冬舎メディアコンサルティングはいかなる責任も負いかねます。

なお、本書に記載されているデータや法令等は、いずれも執筆当時のものであり、今後、変更されることがあります。

本書では内容の理解のしやすさを優先するため、税に関する用語の使い方について厳密には正確ではない箇所があることをご了承ください。

改訂版
会社の経営安定　個人資産を防衛
オーナー社長のための収益物件活用術

2014年 8月30日　第1刷発行
2020年 4月20日　第6刷発行

著者　大谷義武
発行人　久保田貴幸

発行元　株式会社 幻冬舎メディアコンサルティング
〒151-0051　東京都渋谷区千駄ヶ谷4-9-7
電話 03-5411-6440（編集）

発売元　株式会社 幻冬舎
〒151-0051　東京都渋谷区千駄ヶ谷4-9-7
電話 03-5411-6222（営業）

印刷・製本　シナノ書籍印刷株式会社

検印廃止
©YOSHITAKE OOYA, GENTOSHA MEDIA CONSULTING 2014
Printed in Japan
ISBN 978-4-344-97060-1　C2033
幻冬舎メディアコンサルティング HP
http://www.gentosha-mc.com/

※落丁本、乱丁本は購入書店を明記のうえ、小社宛にお送りください。送料小社負担にてお取替えいたします。
※本書の一部あるいは全部を、著作者の承諾を得ずに無断で複写・複製することは禁じられています。
定価はカバーに表示してあります。